Schlafe mein Prinzchen

Schlaf ein

Ein Roman

Von Monika Zenker

Oktober 2014

Ich möchte mich bei allen bedanken,

die mir geholfen haben,

und daran geglaubt haben,

das aus einem wirren Geschreibsel,

ein Roman entsteht.

Danke,

Eure Moni

Schlafe mein Prinzchen Schlaf ein

Roman

von Monika Zenker

Ein Junge, hinein geboren in eine Welt, die von Traditionen lebt. Sein Weg scheint durch die Generationen vorbestimmt zu sein, obwohl seine Eltern ihm dieses Schicksal gern ersparen wollen. Aber manchmal geht das Leben ganz eigenwillige Wege und entscheidet, was werden wird. Schicksale begleiten den Jungen und die Familie auf ihren Wegen. Wenn man sich für einen Augenblick verliert, ist das tragisch, aber solange das Band der Sehnsucht nicht reißt, ist alles möglich. Nimm das Leben so an, wie es für dich bestimmt ist.

Es hat alles seinen Sinn...

Ein Sonnenstrahl durchdrang gerade das Fenster in dem alten Gemäuer und gab dem Raum einen warmen Glanz. Die Sonne breitete sich auf dem großen protzigen Bett aus und verstohlen blickten zwei Augen blinzelnd in das grelle Licht.

Eine Frau drehte den Kopf und sah, dass sich neben ihr etwas räkelte. „Hallo, guten Morgen mein Schatz, heute wird ein schöner Sonntag, wie mir scheint." Der Mann neben ihr brummelte etwas und drehte sich noch einmal auf die Seite, um noch ein wenig die Ruhe des Morgens zu genießen.

„Das ist aber jetzt nicht dein Ernst. Ich hatte mich mit dir auf ein schönes Sonntagsfrühstück gefreut." Sie zupfte und zog dabei an seiner Bettdecke. „Wir haben eh zu wenig Zeit zusammen. Komm schon du Morgenmuffel, raus aus den Federn." Dabei zog sie jetzt so kräftig an der Bettdecke, dass er sich umdrehen musste, um nach ihr zu greifen. „Du bist unverbesserlich, gönnst mir noch nicht einmal meinen Schönheitsschlaf. Du wirst schon sehen, wohin das führt, wenn ich alt und grau bin." Sie lächelte mit ihrem kleinen zierlichen Mund in dem hageren Gesicht, das von blonden lockigen Haaren umgeben war, zu ihm herüber und erwiderte: „Bis dahin hast du aber noch ein wenig Zeit und kannst jetzt gemütlich mit mir frühstücken gehen."

„Nicht bevor ich einen guten Morgenkuss von meiner Frau ergattert habe!" Und so hangelte sich Thomas, der gutaussehende Endzwanziger zu seiner Frau Britta und griff nach ihrem Gesicht, schaute ihr kurz in die rehbraunen Augen und legte dann seine Lippen auf die ihren. Sie schloss für einen kurzen Augenblick die Lider und erwiderte den Kuss.

~ * ~

Thomas war der Sohn des Hauses und in Zukunft würde er das Werk seines Vaters übernehmen. Dafür wurde er auf die besten Schulen und Internate des Landes geschickt, so wie es schon immer in der Grafschaft Falkenberg Tradition war.

Ein altes, traditionelles Weingut gehörte seit Generationen zum Familienbesitz. Weinberge, soweit das Auge reichte. Hier entstanden die edelsten Tropfen, wovon viele prämiert wurden. Das galt es auch, in Zukunft zu erhalten und fortzuführen.

Seine Frau Britta war aus bescheidenem Hause. Sie lernten sich bei einem Weinfest kennen, bei dem sie als Aushilfe für das Weingut kellnerte. Britta verdiente sich nebenbei ein paar Mark für das Studium und so war es kein Zufall, dass sie sich über den Weg liefen.

Sie war gerade dabei einen Tisch zu säubern und das Tablett anzuheben, als ihr der groß gewachsene, schlanke Typ auffiel. Einen Bruchteil war Britta unaufmerksam bei der Arbeit und schon war es passiert. Sie war vom Anblick so irritiert, dass sie den Stuhl übersah und mit dem gesamten Tablett über die Lehne stolperte. Mit einem großen Klirren breitete sich ein Scherbenhaufen vor ihren Füßen aus.

Erschrocken über ihr Missgeschick bückte Britta sich sogleich nach dem zerbrochenen Glas, um die größeren Stücke erst einmal auf ihr nun leeres Tablett zu legen. Die umhersitzenden Gäste hatten einen Moment ihre Aufmerksamkeit auf die junge Frau gelenkt, waren aber nach kurzem Zusehen wieder zu ihren Gesprächen übergegangen. Dies spiegelte sich auch im Lautstärkepegel des Lokals wieder.

Thomas hatte den Blick der Bedienung bemerkt und mit angesehen, wie sich die Scherben auf dem Boden verteilten. Er trat an ihre Seite und bückte sich ebenfalls, um das Malheur zu beseitigen. „Sollten sie nicht lieber einen Kehrbesen holen, sonst werden sie sich noch in ihre schönen

Finger schneiden." Sie war so von der Situation gefangen, dass sie nur starr vor sich hinsah und merkte, wie ihr der Pulsschlag bis zum Hals pochte. Sie fragte sich, ob er nur wegen des Missgeschicks oder wegen ihrer Person neben ihr kniete. Britta hob leicht den Blick an, als sie sich aus der Erstarrung löste, und in zwei bergkristallklare Augen sah.

Der Anfang einer großen Liebe ...

~ * ~

„Komm jetzt Schatz", forderte Britta erneut, „sonst wird es wieder Mittag, bis wir zu unserem Frühstück kommen." Daher bequemte Thomas sich aus dem Bett, ging zu dem großen, massiv verzierten Schrank, öffnete ihn und holte seine Tagesgarderobe heraus.

Britta dagegen quälte sich erst einmal aus dem Bett, denn seit ein paar Monaten war sie in freudiger Erwartung auf einen neuen kleinen Menschen, der ihr Glück vollkommen machen sollte. „Ich glaube, wenn das noch lange dauert, dann brauche ich einen Kranwagen, um aus dem Bett zu krabbeln", sagte sie und verzog mit einem leichten Ächzen das Gesicht. „Was ist los?", fragte Thomas sofort in ihre Richtung blickend. „Ich glaube, das war nur eine Beschwerde von unserem Nachwuchs über meine Worte", und lächelte dabei ein wenig.

Im nächsten Moment war sie bereits ganz anderer Meinung, als Wasser an ihren Beinen herunterströmte. Sie erstarrte beim Anblick und kam sich gerade sehr hilflos vor. „Schatz, ich glaube die Fruchtblase ist geplatzt!" Britta schaute Thomas fragend an, als wäre genau er derjenige, der nun wusste, was als Nächstes geschehen sollte.

Thomas aber fing an, wie ein aufgeschrecktes Wiesel im Raum umherzuspringen und rief: „Wo ist mein Handy?" Fand es schließlich auf dem Nachtisch und griff sogleich danach, wählte die Notrufnummer und stotterte: „Meine Frau ..., die Fruchtblase ..., sie müssen schnell kommen." Worauf die Frau am anderen Ende erst einmal beruhigend auf ihn einwirkte und nach der genauen Adresse fragte. Er holte tief Luft und versuchte in ruhigem Ton die Adresse weiterzugeben, was ihm aber nur schwer gelang. Es sollte dennoch verständlich genug gewesen sein, so dass sie ihm zur Antwort gab, dass der Krankenwagen in circa zehn Minuten da sei. Nachdem er das Handy zurückgelegt hatte, rannte er wieder ganz aufgeregt im Raum umher. „Liebling zieh dir was über! Wo ist deine Tasche?"

Britta schien das im Moment weniger zu interessieren, da sie sich anhörte, als wollte sie die Kerzen im Nachbarort ausblasen. Als sie ihre wohl erste merkliche Wehe hinter sich hatte, meinte sie mit dem Blick zu Thomas gerichtet: „Die Tasche steht griffbereit unten im Flur, und wenn du so lieb wärst und mir ein paar Sachen zum Anziehen geben würdest, wäre ich dir sehr dankbar." Er reichte ihr aus der Kommode ein frisches Nachthemd und ein paar andere Dinge, mit denen sie dann im Nachbarraum verschwand.

Auch Thomas hatte sich nebenbei vollständig angezogen und blickte alle Nase lang auf die Uhr, wobei er immer noch in Bewegung war. Es schien bei der Anspannung zu helfen den Teppichboden gänzlich platt zu laufen, als er mit einem Ruck stehen blieb, weil seine Frau der Tür an der Innenseite zu Leibe rückte. Die Geräusche, die zu ihm drangen, hörten sich an, als wolle ein aufgebrachter Stier mit aller Wucht da durch und unterstützend kamen die passenden gepressten Kampftöne.

Er sagte so vor sich hin: „Das war wohl die 2. Wehe, nun wird es aber höchste Eisenbahn. Das waren ja kaum fünf Minuten."

„Liebling", rief er und klopfte an die Tür, „komm heraus, der

Krankenwagen wird jeden Moment da sein." Er hatte nicht mitbekommen, dass dieser bereits im Innenhof des Schlosses vorgefahren war und die Sanitäter im Begriff waren, das Eingangsportal zu betreten.

Sie wurden von Hermine, der Hausdame, hereingelassen. Mit dem Dutt und dem strengen dunklen Kleid wirkte sie wie aus einer anderen Zeit. Einer der Sanitäter drehte sich sogar zweimal zu ihr um. Ihr Lächeln und die Handbewegung in Richtung Treppe wiesen ihnen sogleich den Weg, den sie auch zügig voranschritten. „Die zweite Tür rechts, meine Herren!", rief Hermine noch nach. Sie schaute ihnen sehr verblüfft hinterher, da vorher nichts im Haus darauf hingedeutet hatte, dass sich der Nachwuchs auf den Weg in die neue Welt machen würde.

Die Tür zum Bad öffnete sich und aus dem Nebenraum kam Britta völlig erschöpft heraus. Die Sanitäter gingen direkt auf sie zu und hakten sich links und rechts ein, um sie zu stützen. Sie fragten nach ihrem Befinden. „Bringen wir es hinter uns", sagte Britta und stiefelte mit den zwei Begleitern zum Korridor.

Weiter als bis zur geschwungenen Brüstung der Treppe kamen sie aber nicht, da sich die nächste Wehe ankündigte. Sie hielt sich an der Brüstung fest und ging leicht in die Knie. Einer der Sanitäter forderte sie auf zu hecheln. Britta drehte den Kopf zu ihm um und hechelte ihn an, mit einem Blick, der sagte: „Du mich auch!"

Der Weg zum Wagen war beschwerlich, aber kurz. Nachdem die Treppe mit Unterstützung der beiden Sanitäter bewältigt war, legte sie sich auf die herausgefahrene Trage und wurde in den Wagen geschoben. Die Tür des Krankenwagens wurde gerade von einem der Sanitäter verschlossen, als Thomas an ihnen vorbei rannte.

„Ich fahr mit dem eigenen Wagen nach", schrie er und war verschwunden.

Noch schnell nach dem Köfferchen und Schlüssel greifend, sprintete er zu seinem Auto. Oder sollte man jetzt eher sagen, zu dem fahrbaren Untersatz, denn der alte HORCH war nicht gerade der Flitzer, der mal eben einem Krankenwagen hinterher spurtete.

Er hätte sich schon lange ein komfortableres Auto leisten können, um im Alltag etwas schneller unterwegs zu sein, aber er liebte diesen Oldtimer, den er von seinem Großvater geerbt hatte. Und so trat er jetzt auf die Tube und redete seinem Blechfreund gut zu, nicht schlapp zu machen, denn ab und an bockte er ein wenig.

Heute sollte Thomas auf ganzer Linie Glück haben; nach quälend langen vierunddreißig Minuten fuhr er am Krankenhaus vor und fand direkt am Eingang ein freies Plätzchen. Diese Einladung nahm er prompt an. Er sprang heraus und bückte sich zum Rücksitz, um das Köfferchen zu greifen. Laufend stürzte er fast in den Eingangsbereich, wobei er sich suchend umblickte, um einen Wegweiser zu finden.

„Meine Frau wurde eben eingeliefert, sie erwartet ein Kind." Mit diesen Worten preschte er bis zur Rezeption vor. Ein ernster Blick einer etwas rundlichen, streng zurechtgemachten Dame bremste ihn abrupt ab. Sie reichte ihm ein Klippbord und sagte: „Füllen sie das bitte noch aus, dann bringe ich sie zu ihrer Frau." „Aber ..." Und jetzt wechselten die Blicke zum Gegenüber. Er stockte, da er einsah, dass er in keinster Weise eine Chance hatte, ohne diese Daten seine Frau zu erreichen.

Inzwischen hatte man Britta in den Kreißsaal geschoben. Auch sie erwartete Thomas voller Sehnsucht, da sie ja nicht ahnen konnte, von welchen Kleinigkeiten ihr Mann abgehalten wurde, bei der Geburt ihres ersten Kindes anwesend zu sein.

Es dauerte auch nicht lange und der erste Schrei des neuen Erdenbürgers war zu hören. „Sie haben einem kräftigen gesunden Sohn das Leben geschenkt. Was ich auf den ersten Blick sehen kann", sagte der Arzt. Hielt ihn ein wenig in ihre Richtung, damit sie einen ersten Blick auf ihn werfen konnte.

Die Anstrengung und die Erleichterung über die gelungene Geburt ließen Britta auch sogleich die Freudentränen in die Augen treten. Alle Schmerzen und das lange Warten waren vergessen. Sie wurden abgelöst, von der Sehnsucht ihn endlich im Arm halten zu dürfen. Dazu musste er aber erst noch gesäubert, gewogen, gemessen und untersucht werden.

In diesem Moment trat Thomas in das Zimmer. Er blickte überrascht, als er den kleinen Kerl auf der silbernen Waagschale liegen sah. „Ist das mein Kind?", fragte er und wendete sich mit groß aufgerissenen Augen dem Arzt zu.

Dr. Glotter drehte sich zu ihm um und lachte: „Wenn sie der Mann dieser Frau sind" und zeigte dabei auf Britta, die noch von einer Schwester betreut wurde, „kann ich ihnen zu ihrem Sohn gratulieren, ein echter Prachtbursche, der Kleine."

Das war zu viel für Thomas und er ließ seinen Emotionen freien Lauf. Wie schon am Morgen konnte er die Füße nicht mehr stillstehen lassen. Er wirbelte die Schwestern mit einem Freudentanz umher, dass sogar der kleine Wagen mit dem Notbesteck das Weite suchte. „Ich bin Vater, ich bin Vater ...", sang er fast.

Mit seiner ganzen Freude, die er zum Ausdruck brachte, ging er zu seiner Frau und nahm ihren Kopf in seine Hände. Schaute sie einen Moment an und sagte: „Du bist das Beste, was mir je passieren konnte und ich danke dir für unseren Sohn." Er sah, dass sie noch eine Träne auf der Wange hatte und es berührte ihn tief, dass er eine Frau hatte, die so viel

Liebe zu geben im Stande war. Er konnte sein Glück kaum fassen. Thomas wischte mit dem Finger die Träne weg und küsste sie zärtlich.

Eine Schwester trat heran und unterbrach die stille Zweisamkeit, da sie das frisch eingepackte Bündel der Mutter auf die Brust legte. Die beiden sahen ihm eine Weile ganz still zu und waren sprachlos über dieses kleine Wesen, das nun ein Teil ihrer Familie war. Die kleinen Händchen umklammerten den Daumen ihrer Hand, als eine Stimme an ihr Ohr drang: „Wie soll der Kleine denn heißen? Wir würden es gern auf sein Erkennungsbändchen schreiben", sagte die Schwester, als sie mit einer ganzen Reihe von Verbandsmaterialien an ihnen vorbei huschte.

Sie hatten sich schon im Vorfeld Gedanken gemacht und waren sich auch schnell sicher gewesen, dass Stefanie der richtige Name für eine Tochter sei. Aber bei einem Jungen waren sie sich bis heute nicht wirklich einig, da jeder einen eigenen Wunsch äußerte. Daher sahen sie sich an und waren etwas überrumpelt.

„Jetzt haben wir das Dilemma – und nun?", fragte Britta mit einem ernsten, aber verschmitzten Gesichtsausdruck. „Dann nennen wir ihn eben *Knuffel*!" Wie sie den Embryo schon während der Schwangerschaftswochen genannt hatten. Thomas schaute zu ihr und fragte: „Willst du das Kind bestrafen, weil wir nicht fähig sind, uns auf einen Namen zu einigen? Wir können ja knobeln." „Schwester, sie sehen selbst, das ist ein ernstes Thema, das wir noch ausfechten müssen. Aber es ist nichts, was im Beisein unseres Kindes geklärt werden sollte. Nicht, dass er den ersten Schaden für sein Leben mitbekommt und begreifen muss, dass wir Frauen am Ende doch meist das Bekommen was wir möchten." Dabei lächelte Britta mit einem Zwinkern ganz liebevoll zu Thomas. „Ich schreibe dann nur den Nachnamen darauf oder gibt es da auch Probleme?", fragte die Schwester mit einem unverständlichen Kopfschütteln. Sie dachte sich: *Da haben sie neun Monate Zeit und bekommen nicht einmal einen Namen für das Kind hin. Wie soll er denn bei so wenig Entscheidungsfreude groß werden?*

Aber Thomas wollte das so nicht stehen lassen und sprach zu Britta: „Ich glaube unsere Namen passen beide nicht zu ihm, er sieht weder aus wie ein Lukas, noch wie ein Daniel, eher wie ein *Alexander* – oder?" Er schaute noch einmal auf den neuen Erdenbürger – *„Alexander Constantin Frederik,* nach seinen Großvätern?" Sie schaute den Kleinen an, dann Thomas und wieder den Kleinen. „Was hältst du kleiner Mann denn von Alexander?" Sie stupste ihn leicht an seine Nasenspitze, um ihn ein wenig aus seiner gemütlichen eingerollten Pose zu wecken. Da machte er die Äugelein leicht auf und verzog ein wenig die Mundwinkel, so dass es wie ein Lächeln wirkte und Britta nickte zu Thomas: „Ja das ist er und auch unser kleiner Alexander hat ihn auf seine Weise bestätigt." „Schreiben sie das auf das Bändchen, Schwester, damit wir nicht noch vergessen wie er heißen soll", rief Thomas jetzt schelmisch zu dieser hinüber, die noch mit den Aufräumarbeiten und Vorbereitungen für die nächste Geburt beschäftigt war.

Dr. Glotter schaute noch einmal kurz vorbei und ordnete an, dass man Mutter und Kind auf die Station bringen könnte.

~ * ~

In den nächsten Tagen kamen die Familien zu Besuch und Brittas Eltern waren mehr als angetan von dem kleinen Wicht. „Ein knuffeliges Kerlchen habt ihr da zustande gebracht. Er sieht von seiner Haarpracht aus wie sein Opa." Dabei warf sie den Blick ihrem Mann zu, der etwas abseits stand. „Er muss sich an die Rolle Opa zu sein, erst noch gewöhnen - aber das wird schon. Komm her du alter Grießgram und schau dir deinen Enkel an. Immerhin will er bald mit dir im Garten tollen, falls du bis dahin deine Scheu überwunden hast!"

Dabei zwinkerte sie Britta zu, denn sie wusste genau, dass er alles für den Kleinen geben würde, wenn sich ihm die Möglichkeiten boten. „Maria, jetzt mach aber mal einen Punkt. Du stellst mich ja hin…", warf einen Blick auf das Kinderbettchen und dann auf seine Tochter, „Das hast du toll gemacht", und tätschelte ihr dabei liebevoll die Hand. Er schaute nun zu Thomas und hatte ein wenig gläserne Augen, die er keinesfalls versteckte. Er ging auf Thomas zu und schlug ihm ein paar Mal kräftig auf die Schulter: „Großartig mein Junge, großartig gemacht." Britta wurde bei diesem Anblick sehr warm ums Herz, denn sie hatte eine tolle Kindheit in einfachen Verhältnissen erlebt. Die Liebe ihrer Eltern hatte das aus ihr gemacht, was sie heute war. Genau das war es, was sie ihrem Sohn mit auf den Weg geben wollte. Zu lachen, zu lieben und Glück zu erkennen, wenn es vor einem steht. Es war ein herzlicher Nachmittag und der Blumenstrauß, den die Eltern mitgebracht hatten, brachte einen malerischen Punkt in das etwas eintönige, weiße und sterile Zimmer. Ein schöner Strauß mit bunten Sommerblumen genau passend zur Jahreszeit. Aus dem Fenster schauend sah man gerade noch die Sonne hinter den Stadtmauern verschwinden. Thomas machte sich auf den Weg nach Hause. Noch durfte er Mutter und Kind nicht mitnehmen, aber lange sollte es nicht mehr dauern, bis der kleine Alexander das Schloss bevölkerte.

Am nächsten Morgen war Thomas mit seinen Eltern zum Frühstück verabredet. Sie erkundigten sich nach Mutter und Kind und fragten an, ob es der Mutter wohl recht wäre, wenn sie einen Blick ins Krankenhaus werfen würden. Sie wollten sich den Stammhalter ansehen. „Soll ich euch nachher mitnehmen, wenn ich in die Stadt fahre?", fragte er, während er die Reste vom Rührei mit dem Messer auf seine Gabel schob. „Thomas, wir lassen uns von Ferdinand fahren, dann sind wir unabhängig und nicht gebunden. Es soll ja nur ein kurzer Besuch werden, damit wir Mutter und Kind nicht überfordern." Thomas kannte das schon, das waren die Blitzbesuche, da sie Britta weitgehend aus dem Weg gingen. Sie waren alles andere als einverstanden mit der Wahl seiner Frau und das ließen sie auch Britta bei jeder Gelegenheit deutlich spüren.

~ * ~

Als er um Brittas Hand anhielt, war ihm bewusst, dass er seiner Frau nicht den Himmel auf Erden bieten könnte, denn er kannte die Kühle seiner Eltern zu genau. Sie waren mehr die Menschen, die alles mit Ehrgeiz und Fleiß bewältigten, da hatten Fehler keinen Platz. Alles musste perfekt sein und durfte nicht von der Norm abweichen. Ehe sein Vater einen Wein in einer schlechteren Qualität billiger anbot, würde er ihn lieber wegschütten.

Das Einzige, was sie Britta zugutehielten, war, dass sie, genau wie Thomas, ihr Studium mit Bestleistungen absolviert hatte und im Betrieb eine große Bereicherung mit ihrem Wissen war. Aber, dass ihr Sohn nicht eine Frau aus einem Adelsgeschlecht geheiratet hatte, das nahmen sie ihm sehr übel. Da konnten beide nicht aus ihrer konservativen Haut.

~ * ~

Das merkte man auch, als die Tür des Krankenzimmers

aufging und ein kühler Hauch mit ihnen in das Zimmer kam. Es war eine fröstelnde Stimmung, die sich ausbreitete. „Hallo Britta, wo sind denn Thomas und unser Enkel?", kam es von Elisabeth von Falkenberg. „Thomas ist gerade im Wickelraum, um ihm eine frische Windel anzuziehen", sagte Britta und hatte Schwierigkeiten ihre Nervosität in den Griff zu bekommen. Sie fühlte sich nicht wohl, so allein mit den Schwiegereltern, ans Bett gefesselt und nicht weglaufen zu können. „Er wird jeden Moment wiederkommen, dann könnt ihr euren Enkel betrachten."

Die Eltern setzten sich an den kleinen Tisch, der an der Seite im Raum stand, und schauten sich wartend im Zimmer um. Sie blickten zur Tür und hofften, dass ihr Sohn dort bald hereinkam. Ein paar Minuten später geschah genau das und Thomas brachte den Sohnemann mit ins Zimmer. Die Eltern erhoben sich von ihren Stühlen und schauten mit einem prüfenden Blick auf den Kleinen.

Der Vater hatte bisher nichts gesagt und auch jetzt war es nur ein „Hmmm", das er brummelte. Wobei seine Frau gleich die Familienähnlichkeit prüfte: „Er hat eine gewisse Ähnlichkeit mit Onkel Karl Ludwig." „Also Mutter, jetzt ist es aber gut!", Thomas blickte dabei ernst zu seiner Mutter, was so viel bedeutete, dass sie besser nichts mehr sagen sollte. „Der Kleine muss jetzt gestillt werden, möchtet ihr dabei bleiben?" Das war der Rauswurf, da er sah, wie ausgegrenzt sich seine Frau bei der ganzen Parade, die sich da abspielte, fühlte. „Nein, wir sehen ihn ja bald zu Hause. Wir werden euch allein lassen."

So verließen sie den Raum und Britta holte einmal tief Luft. „Ich hoffe auch für den Kleinen, dass deine Eltern mich irgendwann akzeptieren können. Ich wünsche es mir so sehr", sagte sie mit einem Kloß im Hals. Sie nahm Thomas den Kleinen ab und legte ihn an die Brust. Alexander berührte das

Ganze wenig. Er spürte bestimmt die Aufregung seiner Mutter, aber die Wärme in ihren Armen und die Mahlzeit, die er jetzt erhielt, waren Grund genug, dass er eine halbe Stunde später selig wieder ins Traumland sank.

~ * ~

Die Ruhe tat beiden gut. Nach der Anstrengung der letzten Tage war es heute endlich so weit. Thomas kam, um sie mit nach Hause zu nehmen. Die Untersuchungen von Alexander waren im Normbereich und so konnten Mutter und Kind gemeinsam die Klinik verlassen. Er fuhr mit seinem HORCH am Schloss vor. Die ganze Treppe am Eingangsportal war voll mit Menschen, die auf dem Gut arbeiteten. Sie wollten den kleinen Alexander im elterlichen Haus willkommen heißen, bestaunen und bewundern.

Hermine war die Erste, die ihre spitze Nase in den Korb hielt und in die Hände klatschte. Ihr lauter Applaus erschreckte Alexander und er fing lauthals an zu schreien. Hermine erschrak ebenfalls und sagte verlegen: „Oh Gott, ich bin zu ungeübt für so einen kleinen Wurm. Aber ich freue mich so für sie." Hermine schaute zu Britta und zog sich ganz vorsichtig zurück. Dabei wäre sie fast noch über den Blumenkübel mit den gelben Petunien gestürzt, hätte Felix der Hausdiener, sie nicht am Arm gegriffen.

Britta nahm den Kleinen auf den Arm und beruhigte ihn ein wenig. Sie ging langsam das Portal hinauf. Dabei schaukelte sie ihr Kind leicht nach rechts und links, so dass jeder einen Blick auf ihn erhaschen konnte.

Man hörte in der Masse den ein oder anderen Glückwunsch, sowie ein herzliches Willkommen. Alle freuten sich mit der Herrschaft über das Glück ihrer Familie.

Ganz am Ende, kurz vor dem Eingang, stand Frau Rauscher,

die eigens engagiert wurde, für Alexander Tag und Nacht da zu sein. Wobei sie genaue Anweisungen hatte, dass sie in Abwesenheit der Eltern, die wieder der Arbeit im Weinbau nachgehen mussten, zuständig war. Wenn es möglich war, wollte sich Britta selbst um die Erziehung ihres Kindes kümmern. Dazu hatte es im Vorfeld schon einige Diskussionen zwischen Thomas und seinen Eltern gegeben, die so etwas überhaupt nicht verstanden.

„Junge, hat es dir an irgendetwas gefehlt? Aus dir ist auch etwas geworden und wir haben unsere Pflichten auf dem Gut nicht vernachlässigt. Oder kannst du dich beklagen? Hattest du nicht die besten Erzieher? Warum muss man das ändern?", erboste sich der Vater. Thomas hörte seinen Vorwürfen immer nur geduldig zu. Er wollte nicht undankbar sein, aber er hatte auch eine Frau und er musste den Eltern frühzeitig klar machen, dass es für seine kleine Familie eine neue Zeitrechnung gab. Da gehörte ihr kleiner Sohn immer an ihre Seite. Zumindest so oft es sich einrichten ließ.

Britta legte Alexander in Frau Rauschers Arme und fragte hilfesuchend: „Anna könnten sie ihn nach oben tragen? Es war doch ein bisschen viel und ich bin noch etwas wackelig auf den Beinen." „Sehr gern Frau Gräfin."

„Schatz", sprang Thomas ihr sofort zur Seite, „Komm ich bring euch nach oben. Dann kannst du dich noch ein wenig ausruhen." Sie schaute ihn liebevoll und dankbar an. Danach ließ sie sich von ihm die Treppe hinauf begleiten.

So kam langsam wieder der Alltag ins Schloss. Thomas machte die ersten Dienstreisen, um die Weine in anderen Regionen vorzustellen. Er rührte kräftig die Werbetrommel. Dies diente dem Zweck, auch für die nächsten Jahre, außer vielen Stammkunden, neue begeisterte Weintrinker von dem Weingut zu überzeugen und sie an den Schätzen teilhaben zu lassen.

Thomas war mehr der gelernte Weinbauer, während Britta die Leidenschaft für den Wein entdeckt hatte. Sie hatte ein Näschen für einen guten Wein und brachte schon seit Beginn ihrer Ehe dem Gut einen beträchtlichen Ertrag ein.

Überwiegend traten sie Geschäftsreisen zusammen an, da sie sich optimal ergänzten. Britta hatte eine ganz charmante Art mit den Kunden umzugehen und konnte diese dadurch oft um den kleinen Finger wickeln. Thomas musste aufpassen, dass er da nicht Eifersucht aufkommen ließ. Er könnte für Nichts garantieren, falls ein Kunde das nette Miteinander bei einem Gespräch falsch verstehen sollte. Er selbst war dieser Frau verfallen und wusste, dass wenn sie mit ihren Augen spielte, man kaum noch zu einem guten Weinangebot nein sagen konnte.

Momentan aber musste er die Kunden, die er betreute, enttäuschen. Er kam wie früher, als er Britta noch nicht an seiner Seite hatte, allein und entschuldigte seine Frau, wofür alle vollstes Verständnis hatten. Sie gaben ihm die besten Wünsche mit auf den Weg, und wenn er zurück aufs Gut kam, berichtete er Britta davon. Er brachte Geschenke von Kunden mit, die sie seit Jahren kannten und die sich mit ihnen über den kleinen Jungen freuten.

~ * ~

Anna Rauscher war eine herzliche junge Frau, Ende zwanzig. Sie hatte bisher nicht den richtigen Mann gefunden, der ihr das Leben bieten konnte, um glücklich zu sein. Sie liebte Kinder über alles und machte das auch zu ihrem Beruf. Anna war Kinderkrankenschwester und die Liebe zu den Kindern strahlte aus ihren Augen, wenn sie an die Krankenbettchen trat.

Eines Tages stand in der Tageszeitung, dass auf dem Schloss für den Nachwuchs eine Kinderfrau gesucht werde. Anna hatte das Gefühl, das sie dort eine Bewerbung abgeben sollte. Sie musste ihre Freude bremsen, als der Postbote ihr das Antwortschreiben mit einer Einladung zur Vorstellung brachte. Denn entschieden war ja noch gar nichts. Sie hatte die Möglichkeit sich selbst zu präsentieren und vielleicht sah man ja, dass sie gern für das Kind da sein würde.

Anna blickte sich um, als sie den Schlosshof betrat. Es knisterte unter ihren Füßen, als sie auf dem mit Kieselsteinen belegten kleinen Pfad zum Schloss schritt. Das Eingangsportal war eine alte, halbrunde Steintreppe. Der Eingang hatte etwas von dem Haus, in dem Scarlett O`Hara einst gespielt wurde. Nein, hier sollte nichts vom Winde verwehen, aber es war nicht alltäglich, ein solches Portal zu betreten und brachte schon eine gewisse Anspannung mit sich. Sie stand nun vor der großen dunkelbraunen schweren Eingangstür und drückte auf den Knopf daneben. Anna hätte auch den alten Türklopfer nutzen können, der gewiss als Zierde noch die Tür schmückte, aber die Klingel schien ihr angebrachter.

Die Tür wurde geöffnet und Felix, der Butler des Hauses, fragte sogleich nach dem Anliegen. „Ich wurde zu einem Vorstellungsgespräch gebeten", antwortete sie ihm und er machte eine Handbewegung, um sie hereinzubitten. „Bitte nehmen sie dort Platz. Es wird einen kleinen Moment dauern, ich werde sie dann zur Gräfin bringen." So ließ er sie allein und verschwand in einem der Zimmer am linken Flügel der Halle.

Anna setzte sich auf dem Stuhl an dem kleinen Tisch in der Diele und war überwältigt von der Schönheit dieser alten Mauern. Von hier ging je ein Gang nach rechts und links in die Flügel und eine große Treppe führte nach oben. Sie musste ein wenig lächeln, auch das erinnerte sie wieder an den Film. Die Ausschmückung war aber ganz anders gestaltet. Viel moderner, nicht so prunkvoll, sondern eher ein wenig schlicht. Hier versuchte man, von der Schwere des Raumes etwas heraus zu nehmen. Dies war dem Gestalter auch sehr gut gelungen. Die Böden waren aus Marmorfliesen und das gab dem Eingangsbereich eine edle Note. Sie fragte sich nur: – *Ob ich hier überhaupt reinpasse? Das ist doch alles viel zu vornehm. Das bin ich doch gar nicht. Blödsinn –* schallte sie sich selbst – *du sollst ja hier Kinderfrau werden und nicht Gräfin. –*

Anna wurde aus ihren Gedanken gerissen und Felix bat sie, ihm zu folgen. Sie gingen in den linken Flügel. Er machte eine Tür an der rechten Seite des Flurs auf und es kam ihr eine Frau entgegen. „Sie sind bestimmt Frau Rauscher", sagte Britta, die sie mit einem Händedruck begrüßte. „Guten Tag, ja", kam es schüchtern von Anna zurück. Britta merkte die Zurückhaltung und lächelte ihr zu. „Nicht so schüchtern, wir sind normale Menschen und beißen nicht." So wurde das Eis ein wenig gebrochen und Anna setzte sich auf den ihr zugewiesenen Platz vor dem massiven Schreibtisch. „Sie haben ja schon Erfahrungen mit Kindern, wie ich aus ihren Unterlagen sehen konnte. Arbeiten sie gern mit ihnen?"

Das war Annas Stichpunkt und es sprudelte nur so aus ihr heraus; welche Gabe diese kleinen Wesen sind, und dass man behutsam mit ihnen umgehen sollte. Dass sie die Zukunft dieser Welt bedeuten und man dankbar sein müsste, wenn man auserwählt wäre, ein solches Geschenk zu erhalten. Britta lauschte ihren Worten und wie so oft verließ sie sich auch jetzt auf ihr Bauchgefühl. Dieser Mensch, der vor ihr saß, war genau das, was sie für ihr Kind suchte. Keine Kinderfrau die Regeln verteilte, die mit Zucht und Ordnung einen Menschen in die richtigen Bahnen lenken wollte, sondern eine liebevolle Person, die mit offenen Augen auf die Gefahren im Leben hinwies. Das Kind in seiner Entfaltung dennoch nicht mit Strenge brach, sondern führte. Und sie wusste, sie hatte in Anna die ideale Kinderfrau gefunden. Daher sagte sie: „Schaffen sie es, bis zum Geburtstermin unseres Kindes aus ihrem Arbeitsvertrag heraus zu kommen? Oder sogar schon etwas früher, dass ich sie in alles einweisen könnte?" Anna lächelte und konnte es kaum fassen. Sie hatte gerade eine Anfrage erhalten, hier ihren Dienst anzutreten. „Verstehe ich das richtig?", dabei schaute sie zu Britta, „sie möchten mich als ihre Kinderfrau einstellen?" Britta lächelte ebenfalls und die Sympathie zwischen den zwei Frauen war im Raum zu spüren. „Ja, ich möchte, dass sie unser Kind betreuen und niemand sonst. Sie sind meine erste Wahl und ich hoffe inständig, dass sie zusagen." „Frau Gräfin, ich werde alles Notwendige dafür in die Wege leiten und könnte ab Juni bei ihnen anfangen." „Dann hoffe ich mal, dass unser Knuffel das auch gehört hat und es sich nicht noch anders überlegt, nicht termingerecht auf diese Welt zu wollen", dabei strich sie über die rundliche Kugel vor ihrem Bauch. „Wir hätten noch etwas Zeit, dass ich ihnen vorab das eine oder andere zeigen kann. Sie beziehen in den oberen Räumen ein Zimmer, das für sie bis dahin vorbereitet sein wird. Müssen sie noch ihre Wohnung kündigen oder haben sie Möbel, die sie mitbringen wollen, dann können sie das mit unserer Hausdame Hermine absprechen."

Anna war so überwältigt, dass sie von dem Gesagten fast erschlagen wurde und ihre Gedanken so ganz allmählich ordnen musste. Gerade wurde in ein paar Minuten ihr komplettes Leben einmal auf den Kopf gestellt. „Ich habe im Schwesternwohnheim ein Zimmer und bringe nur meine Kleidung mit", gab Anna zur Antwort. „Dann werden wird das genauso machen", erwiderte Britta.

Der Vertrag wurde von Anna unterzeichnet und jetzt hätte sie jemanden gebraucht, der sie einmal fest in den Arm kneift. Sie verabschiedete sich und Felix brachte sie zur Tür. So ging sie langsam zurück zum Ort und ihre Gedanken überschlugen sich. Anna dachte nicht darüber nach, ob es das Richtige ist, was sie für ihr Leben entschieden hatte. Sie freute sich, auf die neuen Aufgaben und darauf in Zukunft an der Seite dieser Menschen arbeiten zu dürfen.

~ * ~

Die Wiege hatte man mit ins elterliche Schlafzimmer gestellt. So konnte Britta nachts für Alexander da sein und hörte, wenn er sich zu seinen Mahlzeiten bemerkbar machte. Auch Anna stand mit auf, wenn Britta an ihre Tür klopfte. Sie half Britta, denn die Geburt hatte sie doch mehr Kraft gekostet, als sie zugeben mochte. Nach und nach spielte es sich ein und sie wurden ein Team. Nach einiger Zeit übernahm Anna auch die Spaziergänge an der frischen Luft mit dem Kinderwagen und betreute den kleinen Jungen tagsüber. So konnte Britta sich der Arbeit widmen. Am Anfang Termine für ihren Mann vorbereiten und wenn auf dem Gut etwas anfiel, war sie die Ansprechpartnerin.
Der kleine Bursche entwickelte sich prächtig. Überglücklich strahlte Britta, als er sie das erste Mal richtig anlächelte und sie verfolgen konnte, wie er seine Welt erkundete. Jede freie Minute verbrachte sie mit ihm und Thomas, der versuchte es so einzurichten, dass zwischen den vielen Terminen immer Zeit blieb, die Fortschritte seines Sohnes mit zu beobachten. So oft es ging, übernahm Thomas das abendliche Bad mit seinem Sohn. Manchmal wurde er im hohen Bogen befeuchtet, was er dem kleinen Mann aber nicht übel nahm, da Alexander dabei sogar noch schelmisch grinste. Es war

schön mit anzusehen, wie liebevoll Vater und Sohn schmusten. Thomas warf ihn das eine oder andere Mal in die Luft, um ihn lachend aufzufangen.

Im Frühling machten sich die ersten Zähnchen bemerkbar und Alexander hatte es schwer mit ihnen. Britta hätte am liebsten ihre ganze Arbeit vernachlässigt. Sie wusste, dass Anna für Alexander da war, so ging sie einigermaßen beruhigt den Tagesgeschäften nach. Hin und wieder verließ sie ihr Büro, um einen Blick auf ihren Sohn zu werfen. „Anna, wie geht es ihm?", fragte sie besorgt. „Frau Gräfin, er ist sehr unruhig und ich habe ihm schon ein paar Wadenwickel gemacht, denn sein Fieber ist noch einmal angestiegen." Sie schaute Anna an und wollte ihre Kompetenz auf keinen Fall in Frage stellen, aber sicher war sicher. „Ich werde Dr. Hansen bitten, einen Blick auf ihn zu werfen", sah bei den Worten in die Wiege und streichelte ihrem Kind zart über die Wange. „Anna, nehmen sie das nicht persönlich. Ich schätze ihren Einsatz, aber verstehen sie auch eine besorgte Mutter", versuchte sie sich zu erklären. „Das ist doch mehr als verständlich Frau Gräfin. Ich würde bestimmt nicht anders handeln, würde es mein eigenes Kind sein." Britta sah kurz hoch; „Das schätze ich an ihnen, dass sie sich in andere Menschen hinein versetzen können und auch die Nöte, die damit verbunden sind, spüren." Sie ließ die beiden im Zimmer zurück und Alexander hatte wieder Annas ganze Aufmerksamkeit.
Britta ging ins Büro zurück und erreichte den Arzt noch in der Praxis. Nicht ganz eine Stunde später fuhr er vor dem Schloss vor. Felix hatte Anweisungen bekommen, ihn direkt zu dem kleinen Patienten zu bringen und ihr Bescheid zu geben.
„Was meinen sie Herr Dr. Hansen?", fragte Britta mit einem sorgenvollen Blick. Dieser lächelte und meinte: „Machen sie sich keine Sorgen. Anna hat alles bestens im Griff und diese

Hürde seines jungen Lebens wird er mit Bravour meistern."
Dabei schaute er auf Anna, die er aus ihrer Krankenschwesterzeit kannte. Er hielt sie für eine sehr verantwortungsvolle Schwester und warf ihr einen zustimmenden Blick rüber. Dann wendete er sich wieder der Mutter zu: „In ein bis zwei Tagen hat er es geschafft und wird dann die ersten Beißversuche starten. Passen sie da gut auf ihre Finger auf, nicht dass ich sie dann verarzten muss." Britta lächelte und verstand seinen Wink, dass alles seinen gewohnten Gang ging und sie sich nicht zu große Sorgen machen sollte.

Sie begleitete Dr. Hansen noch zur Tür mit den entschuldigenden Worten, dass sie ihn heraus bemüht habe und es scheinbar doch nicht so ernst sei. „Aber ...", er unterbrach sie zwar ungern, aber meinte, „lieber einmal mehr anrufen, als einen kleinen Jungen unnötig leiden zu lassen. Sie haben genau richtig gehandelt." Er verabschiedete sich von ihr und ging zu seinem Wagen.

Genauso wie es Dr. Hansen gesagt hatte, war zwei Tage später der erste Zahn zu sehen und Alexander nahm alles, was er greifen konnte in den Mund, um auszutesten, was er da Neues in seinem Mund hatte. Als er seine Mutter in den Finger biss, musste sie lachen und dachte an die Worte Dr. Hansens.

Brittas Eltern kamen regelmäßig vorbei, um die Fortschritte ihres Enkelkindes zu bewundern. Vater Frederik hatte die Scheu gänzlich abgelegt. Britta musste ihn sogar ausbremsen, wenn sie das Gefühl hatte, dass er jetzt doch zu heftig mit dem kleinen Wurm wirbelte.

„Vater, das ist doch keine Knautschpuppe." Er schaute in das quietschend lachende Gesicht Alexanders und meinte nur: „Lass mal Britta, es macht ihm doch Spaß und ich hör ihn so gern lachen. Lass deinem ollen Vadder doch das Vergnügen und deinem Sohn auch. Später musst du für jedes Mal Schiffschaukeln bezahlen, heute bekommst du es mit Freuden ganz umsonst." „Und ich habe heute Abend meinen Spaß, wenn ich dann seinen Magen beruhigen muss", erwiderte sie zwinkernd zurück.

Die Eltern von Thomas waren in eine Villa auf dem Gutsgelände gezogen, als die nächste Generation die Bewirtschaftung des Schlosses übernahm. Sie genossen die Ruhe außerhalb des täglichen Betriebsalltags. Elisabeth Gräfin von Falkenberg fragte immer mal, wie sich der Kleine entwickelte, und schaute ab und zu in den Kinderwagen, wenn Anna mit ihm zu seinen Spazierfahrten unterwegs war und an der Villa vorbei kam.

~ * ~

Constantin Graf von Falkenberg war immer noch der Gutsherr. Er hatte die Geschäfte an den Sohn abgetreten. Der alte Graf hatte aber dennoch ein bedeutendes Mitspracherecht, wenn es um große Investitionen oder Umstellungen im Betrieb ging. Auch zur Haupterntezeit packten die Eltern mit an. Sie kannten es, wenn es Tage gab, an denen man handeln musste, um die Ernte zügig in den Weinkeller zu bekommen.
Es brauchte lange, bis auch die Eltern einsahen, dass sie keine Chance hatten, Thomas eine andere Frau als seine Britta, an die Seite zu stellen. Er war bis über beide Ohren verliebt und versuchte seinen Eltern auch ihre Vorteile darzulegen. Denn sie hatte wie er Weinwirtschaft und BWL studiert und war eine wundervolle Ergänzung. Sie packte mit an, wo immer sie gebraucht wurde. Die Eltern verstanden irgendwann, dass es keinen Sinn hatte, diese Argumente einfach abzutun. Denn es

war doch genau das, was sie immer wollten, dass die Familie den Betrieb weiter führte. Ihr Sohn hatte nicht einen Augenblick daran zweifeln lassen, dass das auch in seinem Sinne war. Er engagierte sich sogar mit Britta an seiner Seite noch intensiver in der Firma. Nach dem Studium waren sich beide einig, die Zukunft gemeinsam zu gehen.

Was die Bilanzen und das Aroma eines Weines angingen, machte ihr kaum einer etwas vor. Aber was die Pflichten einer Gräfin von ihr forderten, war sie wie ein frisch geschlüpftes Küken. Auch sehr schüchtern, wenn es darum ging, die Gastgeberin zu spielen. Sie war es eben nicht gewohnt, mit Hunderten von Leuten einen Ballsaal zu beleben. Auch jedem mit einem Lächeln gegenüber zu treten, selbst wenn er nicht gerade der beste Gesprächspartner war. Sie gab ihr Bestes und Thomas stand ihr immer zur Seite. Sie lernte von ihm sich in dieser Gesellschaft zurechtzufinden, als wäre es das Einfachste der Welt. Mit den Jahren wurde sie immer souveräner in ihrer Rolle als Gräfin. Man achtete sie in der Gesellschaft und auch in der Firma wurde sie als Chefin respektiert.

~ * ~

Das Telefon auf Brittas Schreibtisch klingelte und sie sah sofort, dass es die Hausnummer war. Mit einem „Hallo", nahm sie den Hörer in die Hand und am anderen Ende war Felix. „Frau Gräfin, Anna hat mich gebeten sie zu fragen, ob sie nicht ein paar Minuten Zeit hätten in den Garten zu kommen. Ihr Sohn möchte ihnen etwas zeigen." Es kam noch ein, „Danke Felix", von ihr. Schon beim Auflegen des Hörers schob sie den Stuhl zurück, um mit zügigen Schritten in den Garten zu eilen.

Anna saß auf einer Decke und vor ihr stand an sie geklammert der kleine Alexander. Er drehte das Köpfchen herum, als er seine Mama rufen hörte: „Wo ist denn mein Schatz?" Anna drehte ihn in Richtung der Gräfin. Er tippelte mit wackeligen kleinen holpernden Schritten auf Britta zu. Sie blieb erstaunt stehen und konnte es nicht fassen, ihr Sohn konnte laufen. Fast wäre er über seine Füßchen gestolpert, aber die Arme seiner Mutter fingen ihn gekonnt auf und wirbelten ihn im Kreis umher. Er lachte aus voller Brust und quietschte dabei. Dann knuddelte sie ihn und war so stolz auf ihren Buben, als wäre er der einzige Mensch auf der Welt, der es geschafft hat, auf zwei Beinen ein paar Schritte vorwärts zu gehen. „Anna", mehr bekam sie kaum heraus, weil ihr vor lauter Freude die Tränen in die Augen schossen. Anna freute sich mit ihr und erwiderte: „Ich dachte mir, wenn er es schon so gut geübt hat, dann sollten sie es auch nicht verpassen." „Anna, sie sind eine Perle! Ich hätte es um keinen Termin der Welt verpassen wollen. Dafür hätte ich der Kanzlerin persönlich abgesagt, hätte ich mit ihr einen Termin gehabt", sagte sie und hatte wieder so ein schelmisches Lächeln auf den Lippen. „Wenn ich so darüber nachdenke, wo bestellt die Gute denn ihren Wein?" Dabei musste auch Anna herzlich lachen und meinte: „Sie können ja mal einen Termin mit ihr vereinbaren". Britta erwiderte: „Das mache ich prompt. Ich muss nur leider zurück an den Schreibtisch, weil sich für morgen eine Gesellschaft zur Gutsbesichtigung und Weinprobe angemeldet hat. Da ist noch einiges vorzubereiten." Sie gab Anna ihren Sohn, den sie die ganze Zeit auf dem Arm hielt, wieder herunter auf die Decke. Britta schäkerte beim Gehen noch mit Alexander und machte fuchtelnde Armbewegungen, bis sie an der Hausecke verschwunden war.

Anna war fast wie eine zweite Mutter für ihn. So war es kein

Problem, wenn Britta sich zurückzog. Wenn sie es von der Zeit einrichten konnte, saß sie mit ihrem Sohn im Garten, sang ihm Lieder vor oder ging mit ihm ein wenig spazieren. Aber die meiste Zeit war Anna seine Bezugsperson. Leider ließ es sich auch nicht vermeiden, dass Britta auch die eine oder andere Reise antreten musste, da sie, ohne ihrem Mann die Schau stehlen zu wollen, bei manchen Kunden die bessere Verhandlungspartnerin war. Es wurde für Alexander das normalste der Welt, dass er so aufwuchs und es nicht anders kannte.

Umso schöner war aber auch die Wiedersehensfreude, wenn beide von einer Geschäftsreise zurückkamen. So wie an dem heutigen Tag, als sie ihre Koffer in der Eingangshalle abstellten. Aus dem Seitenflügel kam ein kleiner Zwerg auf sie zu gerannt, um sie freudestrahlend in Empfang zu nehmen. Dieses Mal war es Britta, die ihn auf den Arm nahm und sogleich griff er ihr mit seinen Händchen ins Gesicht. „Das ist die Nase", näselte sie und er erhellte mit seinem herrlichen Kinderlachen den Eingangsbereich. Dann grabschte er ihr an den Mund und sie versuchte zu sagen: „Das ist der Mund", aber es klang eher gequetscht. Uuuuuuuund dann sprach er: „Mam..ma!" Sie stieß einen Schrei aus und drehte sich zu Thomas um: „Hast du das gehört? Hast du es gehört?" Er lächelte: „Beruhige dich, unser Sohn kann sprechen", kam es fast zu ruhig. Sie rollte die Augen und schaute ihn mit einem ernsten Blick an: „Ein bisschen mehr Begeisterung, wenn ich bitten darf, Herr Graf. Immerhin kann unser Sohn sprechen!"
„Britta ich bin stolz wie Oskar, das darfst du mir glauben. Aber was soll denn unser Sohn von uns denken, wenn wir hier jedes Mal wie eine Horde Wilder um ein Feuer tanzen, wenn er einen Fortschritt gemacht hat. Aber wenn du Papa sagst", und dabei nahm er das kleine Händchen auf Brittas Schulter liebevoll in die Hand, „dann tanze ich, das ist versprochen."

Bis zu seinem 2. Geburtstag sollte er das auch fertigbekommen und noch ein paar Worte mehr. Im Garten hing eine Lichterpracht aus Lampions. Das Gehen auf dem Rasen wurde zum reinsten Hindernislaufen, da Thomas es sich nicht hatte nehmen lassen, ihn mit lauter Luftballons zu bepflanzen, die er selbst aufgeblasen hatte. Na fast, den größten Teil hatte Felix mit der Pumpe bearbeitet. Wobei er mit der Luft viel üben musste, da ein Drittel dabei zerplatzte und Hermine jedes Mal fast vor Schreck in Ohnmacht gefallen wäre. „Felix, wenn du so weiter machst, dann machst du dem Kleinen alles kaputt", sie blickte ihn streng von unten herauf an.

Sie deckte mit dem Küchenpersonal die Tafel, die mitten in dem bunten Durcheinander stand. Für den Nachmittag war die engste Familie zur Feier geladen. Heute sollte der Kleine der Mittelpunkt sein und nicht in einem offiziellen Empfang untergehen. Das würde schon noch oft genug geschehen, dass er aufpassen musste, dass man ihn in der Masse der Gäste nicht zerquetschte.

Ein Clown, der in einem Meer aus Gummibären stand und zwei Kerzen, die in Schokoladenhäufchen gedrückt wurden, stellten die Verzierungen auf der übergroßen Torte dar, die auf der Mitte des Tisches stand. Rund herum standen kleine Häppchen mit herzhaften und süßen Kleinigkeiten.

Brittas Eltern erschienen und brachten ihre Geschenke mit. Wie sollte es anders sein, Frederik voran und im Arm einen Traktor, den der Junge überhaupt noch nicht fahren konnte. „Papa, der ist doch noch viel zu groß, da muss er ja noch zwei Jahre wachsen." „Britta mach dir keine Sorgen, ich habe den Antrieb mit im Gepäck. Ich schiebe ihn, bis er weiß, wie es geht", schmunzelte er bei den Worten. „Das hält mich fit und ich roste nicht ein!" Er wirbelte am Nachmittag mit dem Jungen über die Luftballons, aß mit ihm die Clownstorte und hätte ihn am liebsten mit nach Hause genommen.

Auch Thomas Eltern kamen gegen Abend vorbei und hatten überraschenderweise ein Geschenk in Händen. Britta hatte eher mit einem Gutschein oder einer Förderung für seine spätere Bildung gerechnet und blickte doch erstaunt, als Constantin sich auf den Boden kniete und sich seinem Enkel zuwandte. Er stellte das Paket vor ihn hin und half ihm die blaue Schleife zu öffnen. Alexander riss ein Stück vom Papier ab und schaute kurz zu seinem Großvater auf. Dann legte er los und lachte so herzlich, dass die Gesellschaft direkt mit einstimmte. Das wiederholte er ein paar Mal, bis der größte Teil des Geschenks befreit war. Gespannt schauten alle, was wohl in dem Päckchen war. Constantin legte wiederum Hand an, um die Überraschung frei zu geben. Heraus kam ein prunkvoller Bilderrahmen, der goldig glänzte, was auf Alexander richtig Eindruck machte. Er grabschte sofort nach einer Kante. Doch der Großvater nahm ihm das gute Stück gleich wieder weg, nahm ihn auf den Arm und den Bilderrahmen in die andere Hand. So stolzierte er mit dem Kleinen davon. Natürlich war die Familie, die das Ganze sehr genau verfolgt hatte, gespannt darauf, was ein kleiner Knabe mit diesem Bilderrahmen anfangen sollte. Alle schritten im Entenmarsch hinterher.

Britta schickte fragende Blicke zu Thomas und zeigte ihre Verwunderung auch mit den Händen. Thomas zuckte nur mit den Schultern, denn so recht wusste er auch nicht, was passierte. Britta schwante etwas, als er bei der Ahnengalerie stehenblieb und dachte: – *Da musste ich auch schon einmal durch. Gut, dass der Kleine noch nicht versteht, was Großvater ihm mitteilen möchte.* -

„Schau Alexander: Das ist dein Ur-Urgroßvater, also mein Großvater und der Urgroßvater deines Vaters. Alle Männer dieses Hauses haben hier in der Galerie ihren Platz. Deshalb werden wir ein schönes Bild von dir malen lassen und es auch in diese Galerie hängen. Du wirst eines Tages diesen ganzen Besitz dein eigen nennen dürfen und die Tradition fortführen." Darüber applaudierten alle und Constantin schaute stolz in die Runde. „Das da drüben ist dein ..." - und er redete und redete und redete …

Die Gäste hatten sich nach und nach wieder in den Garten verzogen und Alexander war über die Worte des Großvaters müde geworden. Britta nahm ihm den Kleinen vom Arm mit den Worten: „Es ist Zeit für ihn ins Bettchen zu gehen. Es war ein aufregender Tag." Constantin nickte und erwiderte: „Für meine Frau und mich wird es auch Zeit. Wir werden uns zurückziehen", und ging an ihnen vorbei zu seiner Frau, hakte sie ein und verließ das Schloss.

Britta brachte Alexander zu Bett und wie an allen Abenden, an denen sie die Zeit fand, sang sie ihm ein Liedchen vor. Sie sang:

Schlafe, mein Prinzchen, schlaf ein!
Längst ruh'n die Schäfchen im Hain,
Garten und Wiese verstummt,
auch nicht ein Bienchen mehr summt.
Luna mit silbernem Schein
gucket zum Fenster herein.
Schlafe beim silbernen Schein,
schlafe, mein Prinzchen, schlaf ein!
Schlaf ein, schlaf ein!

Alexander schloss die Äugelein dabei und sie wiegte ihn in den Schlaf. Britta saß noch eine Weile neben ihrem Sohn und dachte daran, wie schnell die Zeit verging. Sie ließ die letzten beiden Jahre noch einmal Revue passieren; auch diesen Nachmittag. Sie wurde ein wenig melancholisch, wenn sie bedachte, welche Aufgaben man ihrem kleinen Buben heute schon mit auf den Weg gab.

Thomas kam herein und sah seine Frau am Bettchen. Er strich ihr übers Haar und sie schaute ihn an, „Versprich mir bitte, dass unser Sohn nicht in eine Form gepresst wird und sein Leben schon durchplant ist, bevor er es überhaupt begreift." Thomas sah sie liebevoll an und sagte: „Wir leben in einer anderen Generation, das werden auch meine Eltern noch lernen. Es ist halt ein wenig schwer für sie zu sehen, dass alles einen etwas anderen Gang geht. Aber sie werden uns da auch nicht reinreden, dafür werde ich sorgen, das verspreche ich dir." „Was wir für unseren Jungen und mit ihm zusammen entscheiden, das wird der Weg sein, den er einmal gehen wird." Sie erhob sich von ihrem Platz und er nahm sie liebevoll in den Arm und hielt sie fest. Britta fühlte sich geborgen in seinen Armen und hatte das Gefühl, dass kein Sturm der Welt es schaffen würde, diese kleine heile Welt zu zerbrechen.

Thomas ließ sie frei und nahm sie an der Hand, zog sie mit und sagte: „Komm, ich zeig dir auch etwas." Wieder ging er zu der Ahnenwand an der vor kurzer Zeit schon der Großvater mit seinem Enkel stand. Aber diesmal erzählte Thomas und zeigte dabei auf ein Bild: „Diesen jungen Mann klammert mein Vater immer etwas in seinen Erzählungen aus, weißt du auch warum?" Sie schaute ihn jetzt sehr fragend an. „Das ist Onkel Ludwig, der Bruder meines Großvaters. Er ist das schwarze Schaf der Familie. Am liebsten würde mein Vater dieses Bild entfernen lassen. Aber hier hängen alle Söhne und daher auch er. Onkel Ludwig war der erste Sohn und der Erbe des Gutes. Diese ganze Erziehung und die Strenge im Haus haben ihm sehr zu schaffen gemacht. Er war sehr introvertiert und hatte nicht die Stärke, einen solchen Betrieb zu leiten. Er hat es versucht, aber sein Bruder war ihm in vielen Dingen eher voraus. Dieser hatte das Geschick, das Gut zu führen und so kam es, dass Onkel Ludwig darum bat, das Schloss verlassen zu dürfen, um seinen Weg zu finden. Man erzählt sich, dass er ein Pianist geworden sei, aber Genaues weiß ich darüber nicht." Britta hatte seinen Ausführungen mit Spannung gelauscht, denn sie liebte Musik und hätte das am allerwenigsten in dieser Familie vermutet. „Du siehst mich erstaunt und ja, das meine ich, sollte unser Sohn irgendwann Trommler werden wollen, dann soll er auch die Möglichkeit dazu bekommen." Sie kannte ihren Mann schon sehr lange, aber dass er gegen seine Eltern ankam, wenn es um das Gut ging, das konnte sie nur hoffen. Um heute noch keine Zweifel aufkommen zu lassen, sagte sie: „Vielleicht hat er ja den Wein schon wie seine Mutter im Blut und macht seinem Vater noch was vor." Dabei lächelte sie und nahm der ernsten Situation ein wenig die Brisanz. Thomas verstand den Scherz und nahm seine Frau abermals in den Arm, um ihr zu zeigen, dass er auf jeden Fall mit ihr in eine Richtung dachte. Was werden würde, das entschied das Leben.

~ * ~

Anna war Tag und Nacht damit beschäftigt, für Alexander da zu sein. Kinderkrankheiten musste auch er durchstehen und sie wich nicht von seiner Seite, wenn er unruhig schlief oder durch Fieberanfälle durchgeschüttelt wurde. Oft saßen sie und Britta
zusammen an dem kleinen Bettchen und die anfängliche Sympathie der beiden Frauen entwickelte sich zu einer großen Freundschaft. Es gab kaum etwas, was sie nicht voneinander wussten. Sie lachten zusammen und auch traurige Momente teilten sie. Anna war ein sehr wichtiger Mensch in dieser kleinen Familie geworden. Alexander hatte seinen fünften Geburtstag gefeiert, als Britta ein paar Wochen später, die schwersten Stunden ihres bisherigen Lebens durchstehen

musste. Da stand Anna auch ihr zur Seite.

Frederik Schuhmann war mit seiner ganzen Lebensfreude eines Morgens nicht mehr aufgestanden. Er war in der Nacht ganz leise aufgebrochen in eine andere Welt. Maria, seine Frau, konnte den Verlust nicht überwinden und nicht ganz ein halbes Jahr später folgte sie ihm nach.
Britta hatte an diesem Scheidepunkt ihres Lebens schwer zu kämpfen. Sie erdrückte Alexander fast mit ihrer Liebe. Anna versuchte ihr Halt, und dem kleinen Mann Freiraum zu verschaffen. Dabei gerieten die beiden Frauen hin und wieder in ein heftiges Streitgespräch. „Ich möchte nicht, dass Alexander dort allein spielt", sagte Britta energisch mit dem Blick auf Alexander und zeigte auf das Baumhaus, das sein Vater für ihn gebaut hatte. Thomas hatte all sein Herzblut in den Bau gesteckt und sich dabei auch ein Stück seiner verloren gegangenen Kindheit zurückgeholt.
„Er ist sehr geschickt, bei dem was er dort macht und so hoch ist es ja nicht. Schlimmer wäre, wenn er auf einen morschen Baum klettern würde und eine Astgabel würde brechen. Sie können ihn nicht jede Minute beschützen, sie erdrücken ihn damit. Bitte schließen sie ihn nicht vom Leben aus. Machen sie ihm das Leben nicht schwerer, indem sie ihn mit dieser Vorsicht die Fehler abnehmen, die er braucht, um zu lernen", flehte Anna Britta fast an. „Ich habe ihn im Blick und kann ihnen nur versprechen, dass ich mit allen Mitteln, die mir zur Verfügung stehen, dafür sorgen werde, dass ihm nichts passiert. Das ist doch ihre Angst, nach dem Verlust ihrer Eltern, auch ihren Sohn zu verlieren!" Britta sah sie mit feuchten Augen an: „Ja, ich fühle mich so allein ohne meine Eltern. Sie waren meine Stütze, egal was ich im Leben gemacht habe. Ich hatte immer das Gefühl, dass jemand da ist, der darauf achtet, dass ich keine Dummheiten mache. Jetzt bin

ich unsicher und habe das Gefühl, ich falle in ein großes tiefes Loch und der Einzige, der noch ein Band zu mir hält, ist mein Sohn." Anna strich ihr mit der Handfläche über den Rücken und sah sie tröstend an. Sie verstand sehr gut, wie es in ihr ausschaute.

Britta grenzte Thomas in dieser Situation aus. Er gab ihr Geborgenheit in den Momenten, wo er sie in den Arm nahm. Sie waren sehr vertraut in gemeinsamen Entscheidungen. Er konnte aber nicht nachempfinden wie schwer es für sie war immer die perfekte Frau zu sein, die von allen bewundert wurde. Dass sie Geschäft, Familie und die vielen privaten Verpflichtungen, die man als Gräfin wahrnahm, unter einen Hut bekommen musste. Er war aufmerksam und versuchte ihre Wünsche von den Augen abzulesen. Aber er merkte nicht, dass er dazu auch immer die kleinen diplomatischen Hinweise bekam.

Während des Gesprächs ließ sich Britta auf einem der kleinen Kinderstühlchen in Alexanders Zimmer sinken und die Tränen konnte sie nicht mehr zurückhalten. „Sie haben so Recht, Anna". Sie wendete den Kopf in Annas Richtung und senkte ihren Blick, „ich erdrücke Alexander wohl mit meiner Angst, aber ich kann nicht aus meiner Haut."

Es gab noch einige solcher Situationen und Anna versuchte, ihr immer hilfreich zur Seite zu stehen. Auch wenn die einen oder anderen heftigen Worte fielen, nahm dies keiner der anderen übel, verstanden doch beide, welch schwierige Zeit zu bewältigen war.

Thomas brauchte seine Frau in dieser Zeit mehr denn je an seiner Seite. Diesmal nicht für die wirtschaftlichen Belange des Weingutes, sondern für den Kampf um die Freiheit ihres Sohnes. Er hatte unzählige Diskussionen mit seinen Eltern geführt. Sein Vater drohte ihm damit, ihn als Geschäftsführer abzusetzen, nur um seinen Dickschädel durchzusetzen. Es fielen Worte, die auf beiden Seiten verletzend waren. Thomas konnte keinen einzigen Millimeter nachgeben, weil er es erstens seiner Frau versprochen hatte und sein Sohn es ihm übel nehmen würde, dass er versagt hätte, als es um ihn ging.

„Vater, ich werde niemals das Gut vor meinen Sohn stellen. Wenn du keine Möglichkeit siehst, auch uns zu verstehen, dann muss ich meine Familie nehmen und gehen." Elisabeth erschrak bei den Worten ihres Sohnes. Soweit durfte es niemals kommen. „Junge, wir wollen doch nur das Beste für Alexander und das ist nun einmal ein Internat, in dem er auf das Leben vorbereitet wird." Sie blickte ihn ohne eine Miene zu verziehen an und sprach weiter: „Wenn er in eine normale Schule geht, wird er von wichtigen Dingen abgelenkt. Die Mitschüler werden ihn hänseln und er wird nicht das lernen können, was er in einem Internat spielend schaffen könnte. Er muss für das Leben als Graf gewappnet sein und das geschieht nicht, indem man mit einem Bäckerjungen Semmeln isst und durch den Nachmittag bummelt. Da gehören Ordnung und Disziplin an erste Stelle." Thomas versuchte es noch einmal in aller Ruhe: „Mutter, Vater, ich möchte nicht undankbar erscheinen, ihr habt mit euren Mitteln das aus mir gemacht, was ich heute bin. Ich habe das Leben im Internat nur sehr schwer ertragen. Ich hatte Sehnsucht nach euch. Dieses Gefühl der Einsamkeit in vielen Stunden der langen Jahre möchte ich meinem Sohn und meiner Frau ersparen. Sie hat gerade ihre Eltern verloren und ist die großartigste Mutter, die man sich für ein Kind nur wünschen kann. Ihr möchtet, dass ich beiden das Herz schwer mache und sie für lange Zeit trenne. Das könnt ihr nicht von mir verlangen!" Er sah beide abwechselnd an und wartete auf eine

Antwort, die er mit zu Britta nehmen könnte. „Hat sie dich vorgeschickt?", fragte Constantin in den Raum. „Nein Vater, sie braucht mich nicht zu schicken, ich habe gelernt, dass man auch ohne Internat und mit viel Lebensfreude in einer Familie, viel erreichen kann." „Du möchtest damit sagen, dass wir dich falsch erzogen haben?", fragte er nun in einem herrschsüchtigen Tonfall. „Nein Vater, auch da liegst du falsch, ich stelle mir nur für meinen Sohn einen anderen Weg vor. Ob ihr das gut heißt oder nicht, er wird ihn gehen, das ist mein letzter Versuch es euch zu erklären. Denn ich werde mir meine Familie nicht wegen Traditionen oder anderem gräflichen Schnickschnack, zerstören lassen!", trumpfte er jetzt auf, lies die beiden stehen und verließ die Villa der Eltern mit hochrotem Kopf.

Elisabeth sah Constantin an und versuchte jetzt doch einzulenken. „Wir werden ihn verlieren, wenn wir jetzt nicht nachgeben. Constantin, er ist unser einziger Sohn. Bitte versucht einen Weg zu finden, dass es nicht dazu kommt." Constantin sagte nichts, ging in die Bibliothek, setzte sich auf den großen, breiten Ledersessel, stopfte seine Pfeife und dachte nach.

Thomas musste ein ganzes Stück gehen, bis er zum Schloss kam, da die Villa doch etwas weiter draußen, an einem kleinen Seeufer lag. Er hatte sich von dem Gespräch etwas erholt und seinen Puls wieder unter Kontrolle, aber nach seinem Gemütszustand war er immer noch eine tickende Zeitbombe. Als Britta gerade das Büro verließ, um sich in die oberen Räume zu begeben, kam ihr Thomas in der Eingangshalle entgegen. Sie blickte ihn fragend an, ohne ein Wort zu sagen. Er wäre fast an ihr vorbei gegangen, so hing er seinen Gedanken nach. Sie sah, wie ernst sein Gesicht war. Er brauchte nichts zu sagen, sie konnte die Antwort auf ihre

Frage in seinem Gesicht lesen.

Jetzt als Thomas sie wahrnahm, sagte er brummelnd: „Wenn sie es nicht einsehen, dann werden wir alles stehen und liegen lassen und für unseren Sohn ein neues Leben beginnen. Ich lasse mich nicht erpressen."

Britta war nun ihrerseits genauso erschrocken wie Elisabeth zuvor, als sie seine Worte vernahm. Das durfte nicht passieren. „Thomas, es muss doch einen anderen Weg geben, als dass diese Familie über den Streit zerbricht. Ich habe meine Eltern schon verloren, willst du deine auch noch verlieren?" Ratlos blickte sie ihn an. Sie griff ihn an den Schultern und drehte ihn leicht zu sich um, dabei hatte er schon den ersten Schritt auf die Treppe gesetzt. „Thomas", flehte sie, „lass es nicht zu, dass diese Familie gänzlich zerbricht. Damit könnte ich genauso wenig leben, wie zu wissen, dass mein Sohn mich braucht und ich Kilometer weit von ihm entfernt bin." Es war eine sehr ausweglose und festgefahrene Situation.

Umso überraschter waren beide, als Felix genau in diesem Moment zu ihnen trat. „Herr Graf, ihr Vater hat angerufen und lässt ausrichten, sie möchten noch einmal zu ihm herüber kommen." „Danke, Felix", war das Einzige, was Thomas jetzt herausbrachte und er schaute Britta ohne ein weiteres Wort an, drehte sich um und verließ das Schloss.

Auf dem Weg zurück zur Villa überschlugen sich förmlich seine Gedanken. Er wollte nicht klein beigeben, auch wenn sein Vater ihn vor die Tür setzte. Er liebte seinen Sohn und wollte ihm das ersparen, was er als Kind durchlebt hatte. Dabei würde es nicht nur darum gehen, seiner geliebten Frau das Kind zu erhalten, sondern auch er wollte seinen Sohn in seiner Nähe wissen. Dieser kleine Junge war der Inbegriff der Liebe, die Thomas zu geben fähig war und die er nie erhalten hatte.

Elisabeth stand schon an der Tür und erwartete ihren Sohn. „Gut, dass du noch einmal gekommen bist, dein Vater wartet in der Bibliothek auf dich."

Sie schauten sich an und Thomas stand wortlos vor seinem Vater. Er war es leid, dass seine Worte ins Leere gingen. Constantin wies auf den Sessel, in dem er bis eben selbst gesessen hatte und sagte: „Setz dich Thomas". Thomas schaute ihn etwas verwundert an, nahm Platz und richtete den Blick wieder auf seinen Vater. Constantin lief langsam im Raum zum Fenster und zog dabei an seiner Pfeife. Er drehte sich zu Thomas um und begann zu sprechen: „Thomas, ich hätte nie gedacht, dass du uns eines Tages vorwerfen würdest, dass es dir heute an nichts fehlt. Dass du eine gesicherte Zukunft, auch für deine Familie, dein eigen nennen darfst."

Thomas erhob sich leicht und wollte etwas einwerfen, aber sein Vater bewegte die Hand und wies ihn mit einer Bewegung zurück in den Sessel. „Lass mich ausreden, bevor du wieder zornesrot den Raum verlässt. Deine Mutter und ich, wir haben immer dein Bestes gewollt. Mag sein, dass du das mit anderen Augen gesehen hast. Aber wenn du dir das Ergebnis ansiehst, kannst du nicht wirklich sagen, dass es der schlechteste Weg war. Aber um dir entgegen zu kommen und diesen albernen Streit endlich zu beenden, habe ich dir einen Vorschlag zu unterbreiten. Wenn du deinen Sohn auf die hiesige Schule schickst, dann möchte ich, dass er eine Reitausbildung macht, für seine Körperhaltung und Konzentration und außerdem einen Privatlehrer bekommt. Dieser soll ihm den Stoff noch einmal näher bringen, den er hier in der Schule lernt. Vielleicht auch das eine oder andere Extra, ohne ihn natürlich zu überfordern." Mit diesen Worten beendete er seinen Monolog und sah seinen Sohn an. „Vater, endlich, das ist doch ein Weg, mit dem wir alle gut leben können", kam es erleichtert von Thomas.

So wurde Alexander kurz vor seinem sechsten Lebensjahr, wie jeder normale Junge und jedes normale Mädchen, in die Schule der Stadt eingeschult.

Dr. Müller, der neue Privatlehrer gab sich alle Mühe dem kleinen Mann bei den Schulaufgaben zu helfen und unterrichtete ihn noch in anderen Dingen, die er für das Leben wissen sollte. Natürlich war er von Constantin genau instruiert worden, was der Junge für sein Leben brauchte.

Mr. Barkley, ein englischer Reitlehrer, hatte auch schon die ersten Ergebnisse mit Alexander im Sattel erzielt. Vorrangig ging es dabei natürlich eher um die gerade Haltung, als zu seinem Vergnügen umher zu galoppieren. Es machte ihm mächtigen Spaß und so sah er es nicht wirklich als Unterrichtsstunde zur Freude seiner Mutter. Sein Großvater hatte ihm eigens dafür ein kleines Pony gekauft. Einen Reitplatz mit einem Stall, der das Anwesen bereicherte, hatte Constantin vor ein paar Jahren anlegen lassen. Der Grund war, dass er auch gern einmal einen morgendlichen Ritt in die Natur unternahm, um so mit dem Pferd in den Weinbergen nach dem Rechten zu schauen.

Als die ersten Schneeflocken das Tal mit einer weißen, silbern schimmernden Decke überzogen und Constantin mit seinem Enkel auf das Feld hinaus ritt, war sogar in den Augen des Großvaters ein freudiges Leuchten zu entdecken.

Weihnachten, wurde im Kreise der Familie gefeiert und Britta hatte sich alle Mühe beim Ausrichten des Festes gegeben. Die Lichter brannten am Baum und eine Glocke kündigte den Weihnachtsmann an. Dieser hatte soeben seine Geschenke vom Schlitten genommen, trug sie hinein, und gab Alexander einige davon in die Hand. „Ho Ho Ho, ich gehe stark davon aus, dass du ein braver Bursche warst", sagte er mit tiefer Stimme. Er wandte sich zu Britta, die leicht die Rute zu spüren bekam, und sagte: „Da wollen wir doch mal schauen", und zwinkerte sie dabei an. „Ja, da steht es ja … na ja …", und nuschelte etwas in seinen grauweißen Bart, das kaum einer verstehen konnte. Griff sogleich in den großen braunen Sack und reichte ein Geschenk an Britta. Sowie er auch für alle eine Kleinigkeit dabei hatte. Es raschelten die Geschenkpapiere, als alle ihre Päckchen aufmachten.

Alexander bekam davon wenig mit, denn er war mit seinen eigenen Geschenken beschäftigt und hatte alle Hände voll zu tun, den Berg der vor ihm lag zu ordnen. Als der Weihnachtsmann sich verabschiedete, natürlich nicht ohne vorher auf das Weihnachtsfest, mit einem guten Tropfen Wein angestoßen zu haben, versammelten sich alle an der Tür. Sie schauten ihm gemeinsam zu, wie er den Schlitten bestieg, die zwei Rösser davor anspornte und davon rauschte.

„So mein kleiner Engel, jetzt wird es für dich Zeit ins Bettchen zu gehen." Britta nahm Alexander fest in die Arme und schaute dabei Anna an, die auch das Weihnachtsfest im Kreise der gräflichen Familie begangen hatte, als wäre es das normalste von der Welt, mit der Herrschaft an einem Tisch zu sitzen. Britta machte da keine Unterschiede, sondern versammelte auch hier die Liebsten um sich herum und dazu gehörte Anna schon lange. Sie stand ihr näher, als jeder andere, nach ihrer eigenen kleinen Familie.

„Alexander", sprach Anna zu dem Jungen, streckte die Hand aus und er griff hinein. Sie gingen gemeinsam nach oben in die privaten Räume. Gerade als er in seinem karierten bunten Schlafanzug in sein Bettchen krabbelte, kam Britta ins Zimmer. „Danke Anna", sagte sie, als diese sich abwandte zum Gehen. Das war jetzt ein Moment für Mutter und Sohn. Alexander plapperte wie ein Wasserfall und konnte die ganzen

Eindrücke des Abends gar nicht so schnell wiedergeben. „Jetzt musst du ganz schnell einschlafen, dann kannst du morgen mit den ganzen Spielsachen, die du heut bekommen hast, spielen", sagte sie zu ihrem Sohn und deckte ihn zu. Dabei gab sie ihm einen Kuss und fing leise an zu singen. Alexander strahlte seine Mama an.

Schlafe mein Prinzchen, schlaf ein,
lass Weihnacht ins Zimmer hinein.
Träume so friedlich und schön,
dass alle Sorgen vergehn.
Du bist doch niemals allein,
der Mond mit silbernem Schein,
er schaut zum Fenster hinein,
Schlafe mein Prinzchen, schlaf ein,
Schlaf ein, schlaf ein ...

Sie summte die Melodie noch ein wenig, aber seine Äugelein waren schon geschlossen und er schlummerte in die Nacht.

Nach den Feiertagen wurden die Geschäfte wieder kräftig angekurbelt und es gab viel vorzubereiten, da einige Weinmessen anstanden. Die Nächste war in der Schweiz und Britta war überzeugt, dass ihr diesjähriger Wein ein ganz besonderer war. Sie ging sogar so weit, zu behaupten, dass sie den besten Eiswein, den dieser Weinkeller je hergegeben hatte, hergestellt hätten. Dieser würde ihr Aushängeschild sein und sie würden auch in ganz Europa Kunden dafür begeistern können.

Mitte Januar war es soweit und Alexander schaute dem HORCH zu und sah, wie seine Eltern vom Schlosshof fuhren, dabei winkte er ihnen, wie so oft schon nach. „Komm, du musst dich für die Schule vorbereiten", sagte Anna und ging mit ihm zurück ins Schloss.

In der Schule war Alexander für alle der ganz normale kleine Junge, der wie jeder andere auch, die Schulbank drückte. Er wurde von Ferdinand zu seinen Verabredungen gebracht, wenn er sich mit Mitschülern traf. Aber auch das war für alle etwas Normales, dass sie ihn weder als etwas Besseres hielten, noch ihn aufzogen, weil er anders war. Er war mit seiner Art sogar beliebt in der Schule und konnte auch den einen oder anderen Lehrer um den Finger wickeln. Das hatte er bestimmt von seiner Mama abgeschaut, wenn er bei Weinproben mit in den Keller durfte und wie ein großer, die einzelnen Sorten beschrieb. Nur probieren durfte er sie in seinen jungen Jahren noch nicht.

Mittags holte ihn Ferdinand mit der Limousine ab und das Auto war immer überfüllt mit Kindern. Er machte mit Alexander, da die anderen Jungs erst nach Hause gebracht werden mussten, eine kleine Rundreise, bevor er den Weg zum Schloss einschlug.

Alexander fiel es nicht schwer in der Schule mitzukommen, er schien den Stoff wie im Vorbeiflug zu lernen. Was er hörte, nahm er auf und auch Dr. Müller war von dem Wissensdrang des kleinen Jungen begeistert. Er schwärmte regelrecht von der Begabung des Knaben, wenn man ihn nach den Fortschritten fragte.

Constantin versuchte, ohne es zu einem Streit eskalieren zu lassen, immer wieder Thomas davon zu überzeugen, dem Jungen die Möglichkeit zu geben, eine höhere Schule zu besuchen oder doch über eine Aufnahme in einem Internat nachzudenken. „Vater, wir haben mit ihm über seine Möglichkeiten gesprochen. Wenn er der Meinung ist, dass er etwas ändern möchte, dann werden Britta und ich hinter ihm stehen. Wenn Alexander jetzt die Schule wechseln würde, weil wir uns anders entscheiden, dann würden wir ihm seine glückliche Kindheit rauben. Er genießt es, auch mit dir auszureiten und in den Weinkellern zu stöbern." Dabei schaute er seinen Vater sehr ernst an und Constantin erwiderte: „Aber die Zeit, die er jetzt verpasst, die wird er niemals aufholen können, das ist euch hoffentlich bewusst." „Was soll er denn aufholen? Hier ist das, was sein Leben später ausmachen wird. Er wächst mit dem auf, was er ein Leben lang hüten wird. Er lernt alles Wichtige von uns und den anderen. Es sollte dir auch zu Ohren gekommen sein, da Dr. Müller es am liebsten in der Tageszeitung veröffentlichen möchte, dass Alexander ein so schlaues Kerlchen ist, dass er seine Aufgaben zu gegebener Zeit meistern wird." Mit einem, „Ihr verspielt wertvolle Zeit auf Kosten des Jungen", setzte Constantin seinen Weg fort, auf dem er kam, bevor er Thomas traf und ließ ihn stehen. Thomas dachte nur – *er will oder kann es nicht verstehen* – und wandte sich seiner Arbeit wieder zu.

Bei der Schulaufführung im nächsten Herbst spielte Alexander die Hauptrolle. Britta war aufgeregter als er selbst. Anna und sie hatten ihm ein Kostüm geschneidert. Die beiden Frauen warfen jetzt einen prüfenden Blick auf das Kostüm, ob auch alle Details umgesetzt waren und es ihm passte.
„Oh Anna, jetzt geht er schon über ein Jahr zur Schule, wie schnell ist die Zeit vergangen? Haben wir auch alles richtig gemacht?", schaute sie fragend zu ihrer Freundin und Kinderfrau. Aber nicht Anna antwortete, sondern Alexander stellte sich zwischen die beiden Frauen und sagte dabei: „Ihr seid die beiden liebsten Frauen, die ich auf der Welt habe und wenn ich ganz groß bin, dann heirate ich euch." Sogleich brachen beide Frauen in ein Gelächter aus. Als Thomas dazu kam, schüttelte er nur den Kopf. „Meine Damen, mein Herr, die Zeit wird knapp. Wir müssen los, wenn wir den Anfang

nicht verpassen wollen."

Während die Drei Ihre Mäntel anzogen, hatte Thomas den HORCH, der nach den Jahren immer noch schnurrte und regelmäßig zur Werkstatt musste, vorgefahren. Er lud alle ein, schloss die Türen und setzte sich ans Steuer. Anna schaute zu Britta und im selben Moment fingen beide wieder an zu lachen. „Verstehe einer die Frauen", brummte Thomas, „was ist denn so lustig, dass ihr euch nicht mehr ein bekommt?" Aber er sollte keine Antwort bekommen, da sie gerade am Schulgelände vorfuhren. Thomas parkte und alle stiegen aus. Britta, wie auch Anna zupften noch ein wenig ihre Kleidung zurecht und drehten sich dabei zu Alexander um. Dieser wusste, wenn er jetzt stehen blieb, zupften sie auch an ihm. So suchte er die Hand seines Vaters und sie gingen in die große Halle rechts neben der Schule. Schon an der Eingangstür standen seine Freunde, die ihn jubelnd begrüßten und Thomas warf Alexander und dann Britta einen Blick zu. Alexander sagte er: „Geh ruhig mit deinen Freunden" und zu Britta gerichtet hatte er ein Leuchten in den Augen und dachte dabei: - *Das hätte ich auch gern gehabt. Ich freue mich für unseren Sohn.* –

Britta kam nun neben ihn und er hakte sie ein, so dass sie als Paar zu ihren Stühlen gingen. Anna ging hinter ihnen und achtete bei solchen Gelegenheiten darauf, dass die Form gewahrt wurde. Sie kannte ihre Position in der Familie eben genau. Sie war dankbar für diese Stellung. Manchmal wurde es Anna aber ein wenig wehmütig ums Herz, da es nicht ihr eigener Junge war, den sie liebte wie ein eigenes Kind. Sie fand es auch sehr schade, dass er das einzige Kind in der Grafschaft Falkenberg blieb.

Britta und Thomas hatten viel Zeit damit verbracht, bis sie den Schritt wagten, die Verantwortung für ein Kind zu übernehmen. Erst das Studium, dann die Eingewöhnungszeit in der Firma und in das gräfliche Spektakel. Britta war Ende zwanzig, als Alexander geboren wurde. Thomas und seine Frau waren sich einig, dass Alexander das einzige Kind bleiben sollte. Britta haderte schon ab und an, ob die Entscheidung richtig gewesen war, denn sie hätte gern noch ein Mädchen gehabt, eine kleine Prinzessin. Aber Thomas bremste sie immer wieder mit guten Argumenten, die nicht von der Hand zu weisen waren, aus. So war sie froh, dass sie die Termine von Alexander immer gut mit den geschäftlichen Terminen abstimmen konnten. Er hatte so nie das Gefühl, bei wichtigen Dingen, allein zu sein.

Das Stück wurde von der Lehrerin angesagt und Alexander wurde seiner Rolle gerecht. Als Ritter Kunibert wirbelte er über die Bühnenbretter und suchte seine Kunigunde, die er am Ende zur Frau nahm. Wie abgesprochen, sahen sich die beiden Frauen an; jetzt wussten sie auch, warum er vom Heiraten sprach, als er sie in den Arm nahm.

Der Applaus war ohrenbetäubend, als sich die kleinen Schauspieler auf der Bühne verneigten. Sie lachten vor Freude und schauten sich immer wieder an. Es blitzte Stolz aus den Augen der Eltern, dass ihre Sprösslinge dort oben standen und das Publikum so gut unterhalten hatten.

Da das Stück so gut angekommen war, wurde es im Frühjahr, nach den Osterferien noch einmal für alle aufgeführt, die im Herbst nicht zusehen konnten. Einige Eltern, die beim ersten Mal nicht dabei sein konnten, nahmen diese Möglichkeit gern wahr. Britta und Thomas ließen es sich auch nicht nehmen, ihren Sohn auch ein zweites Mal zu begleiten. Anna wurde von einer Erkältung heimgesucht und so verzichtete sie diesmal darauf, dabei zu sein, um nicht die ganze Region mit ins Bett zu schicken, weil sie alle ansteckte.

Zwei Tage später mussten Thomas und Britta zu einer Prämierung nach Frankreich und einer anschließenden Messe nach London, so dass sie Alexander eine ganze Weile nicht sehen konnten. Der Abschied fiel Britta schwerer, als die vielen Male zuvor. Sie hing regelrecht wie eine Klette an ihrem Kind und konnte es selbst nicht verstehen. Irgendwie hatte sie ein ungutes Gefühl und verband die Angst damit, dass der Großvater wieder hinter ihrem Rücken ... Bei diesem Gedanken schallte sie sich selbst ... - *du tust ihm vielleicht unrecht, nicht drüber nachdenken, erst handeln, wenn etwas vorfallen sollte.* - Als sie vom Hof fuhren, blickte Britta noch lange zurück, bis sie ihren Sohn nicht mehr sehen konnte.

So, wie sie es vorausgesagt hatte, wurde ihr Eiswein zu dem besten des Jahres gekürt. Allein dieses Ergebnis würde das Weingut für eine ganze Weile absichern. Auch wenn sie sich auf den Lorbeeren nicht ausruhen konnten, gab dies doch vor der nächsten Ernte ein sicheres Gefühl, dass ein vielleicht weniger gut gelungener Tropfen das Weingut nicht ruinieren würde. Der Druck, der auf einem solchen Unternehmen lastet, da eine Missernte alles zerstören könnte, war genommen. Diese Ruhe, mit der man dann in die nächste Ernte geht, spiegelte sich auch in der Qualität wieder.

Bevor sie zum Nachtmahl gingen, rief Britta voller Sorge auf dem Schloss an. Anna beruhigte sie Abend für Abend, dass alles in bester Ordnung sei und sie sich keine Sorgen zu machen brauche. „Wir sind noch einen Tag hier, danach fliegen wir nach London. Anna bitte rufen sie mich jederzeit an, sollte etwas vorfallen." „Machen sie sich keine Sorgen, es läuft alles in geordneten Bahnen. Sollte was geschehen, dann werden sie die Erste sein, die es von mir erfährt", versprach sie, erzählte noch kurz von Alexanders heutigem Tag und danach legten die beiden Frauen, nach einer herzlichen Verabschiedung, auf. Es war an diesem Abend später geworden, so war Alexander schon zu Bett gegangen und konnte sich nicht von seiner Mutter einen telefonischen Gute-Nacht-Kuss ergattern. Aber das würde sie morgen wieder gut machen, nahm sie sich vor.

So war es auch am nächsten Abend und er plauderte mit seiner Mutter über Gott und die Welt. Britta konnte es nicht einordnen, aber auch bei diesem Gespräch hatte sie ein Gefühl, das sie nicht beschreiben konnte. Es war Unruhe, die sie beschlich. Sie versuchte es Alexander nicht spüren zu lassen und ließ sich von der Schule, dem Pony und all den wichtigen Dingen aus dem Tagesgeschehen ihres Sohnes berichten. Es war Zeit, ihn auch telefonisch zu Bett zu schicken und das tat sie ganz liebevoll mit dem Gute-Nacht-Kuss durch das Telefon am Schluss. Er legte auf und Anna brachte ihn zu Bett.

Sie hatten eine kleine Privatmaschine gechartert und stiegen aus der Limousine aus, die sie zum Flughafen gebracht hatte. „Schatz hast du auch alles in die Koffer gepackt?", schaute er sie ein bisschen verschmitzt an, „Nicht, dass mein Rasierer wieder im Bad liegen geblieben ist und ich wie ein Räuber aussehe. Die Kunden meinen dann, dass ich den Stand überfallen will, statt sie von unserem Wein zu überzeugen."

„Liebling möchtest du wieder darauf aufmerksam machen, dass wir uns auch einen Diener leisten könnten, der mit welchen Fantasien auch immer meine Dessous in die Koffer räumt? Ich bin es nicht gewöhnt und solange ich kann, werde ich unsere Koffer selbst packen. Spätestens wenn ich im Winter die halblangen Beinschlüpfer aus reiner Angorawolle trage, dann ist mir egal, wer meine Koffer einräumt." Sie grinste allein bei dem Gedanken und konnte sich nicht vorstellen, jemals in solche Dinger zu schlüpfen. „Ach Schatz, ein bisschen Luxus hätte was und gönne es doch dem Hoteldiener. Er hat ja nur seine Fantasien und ich hab dich", nahm sie bei den Hüften und zog sie zu sich heran, um sie leidenschaftlich zu küssen. Sie löste sich, als der Kofferträger neben ihnen mit hingehaltener Hand stand und sein Trinkgeld erwartete. Thomas hätte ihn töten können, einen so schönen Moment mit seiner Frau wollte er genießen und nicht zerstört bekommen. Aber da würde sich heute Abend bestimmt eine Gelegenheit bieten, dort fortzufahren, was hier begonnen hatte. Er warf ihr einen heißen Blick zu und forderte seine Frau auf in die kleine Maschine zu steigen, folgte ihr und die Luke wurde geschlossen.

„Bitte schnallen sie sich an, ich werde dem Tower Bescheid geben, dass wir starten möchten", sagte der französische Kapitän sogar auf Deutsch zu seinen Passagieren und betätigte das Funkgerät, führte wie es üblich war in Englisch die Angaben zur Maschine aus und bat um die Starterlaubnis. In London wollten sie, nachdem sie an dem Weinwettbewerb in Paris teilgenommen hatten, ihren Wein auf einer dortigen Messe vorstellen.

Britta war sehr aufgeregt. Zwar flogen sie jedes Jahr zu einigen Messen und brachten Auszeichnungen mit, aber sie konnte diese innere Unruhe einfach nicht abschalten. Diese Nervosität spürte auch Thomas. Er kannte seine Frau so gar nicht, sie war immer die Ruhe selbst. „Liebling, was ist denn los?", dabei schaute er sie an. „Du bist ja noch nervöser, als ich es bei der Geburt unseres Sohnes war!", jetzt musste er über seine Worte lachen. „Mann, da hab ich mich aufgeführt ..." Er sprach nicht weiter, da es ihm sogar heute noch peinlich war. „Schatz", er schaute nun besorgt zu seiner Frau, „was ist denn mit dir?" „Thomas ich weiß es doch auch nicht und wenn du mich jetzt noch die ganze Zeit analysierst, werde ich auch nicht ruhiger." „Komm her", dabei reichte er ihr den Arm, in den sie sich lehnen sollte. Sie schnallte sich ab und fiel förmlich in seinen Arm, legte den Kopf auf seine Brust und spürte, dass er ihr ein wenig zur Ruhe verhalf.

Sie waren schon eine Weile mit dem Flugzeug unterwegs und Britta war sogar an Thomas Brust eingenickt. Ein komisch gurrendes Geräusch weckte sie. Mit einem verschlafenen Blick aus dem Fenster, immer noch an seine Brust gelehnt, sah sie, dass sie sich über dem englischen Kanal befanden.

„Was ist das für ein Geräusch?", fragte sie und drehte den Kopf zum Piloten. Der meinte nur: „Es ist ein wenig Seitenwind, der auf die Seitenruder schlägt, ich werde einen kleinen Bogen fliegen, dann werden sie das gar nicht mehr bemerken." Und so drehte er die Maschine leicht nach links, dabei sahen sie vor sich die englische Küste.

Plötzlich, wie aus dem Nichts, schossen Flammen an der Seite eines Fensters hoch und Britta schrie. Es ging alles sehr schnell. Thomas umschlang seine Frau, die er noch im Arm hatte. Er brüllte den Piloten an: „So tun sie doch etwas!", und hielt Britta noch fester, um ihr Schutz zu bieten. Der Pilot sagte nur: „Ich versuche eine Notlandung, das ist unsere einzige Chance", und konzentrierte sich auf das Flugzeug. Britta zitterte am ganzen Körper und wusste genau in diesem Moment, dass sie eine Vorahnung hatte, dass das was jetzt folgte, niemals gut ausgehen konnte. „Thomas", sagte sie, dabei liefen ihr die Tränen an den Wangen herunter und er schaute ihr tief in die glänzenden Augen. Auch ihm stand die Angst ins Gesicht geschrieben. „Ich liebe dich so sehr", sagte Britta und es klang wie ein Abschied.

Das Flugzeug war nun kurz über dem Wasser und Thomas legte sich schützend über seine Frau, den Kopf ganz dicht und so weit, wie es nur ging vor den Sitz des Piloten.

Im nächsten Moment krachte die Maschine auf dem Wasser

auf und es wurde dunkel um sie herum.

~ * ~

Im Schloss ahnte man von all dem nichts, bis am Abend die deutsche Botschaft aus Frankreich anrief. Man wollte der Familie Bescheid geben, bevor die ersten Meldungen in den Nachrichten liefen. Felix ging an den Apparat, als dieser in der Eingangshalle klingelte. „Grafschaft Falkenberg, wie kann ich ihnen helfen?" „Bitte verbinden sie mich mit Graf Constantin von Falkenberg, hier spricht Hans Meisner von der deutschen Botschaft in Paris." „Einen Moment bitte Herr Meisner", sagte Felix, ohne weiter darüber nachzudenken. Es war zwar nicht alltäglich, aber kam schon einmal vor, dass die Botschaften wegen Weinlieferungen bei ihnen anriefen. Er meldete dem Grafen das Gespräch an und legte auf. Als im selben Moment im Schlosshof eine Polizeistreife vorfuhr, erschrak er. Da musste etwas passiert sein!

Es klingelte und zwei Beamte fragten nach dem Grafen. Er zeigte ihnen den Weg zur Villa und sie setzten sich in Bewegung.

Constantin war bei dem Gespräch kreidebleich geworden. „Wir haben eine Information von der englischen Flugsicherung erhalten und wollten ihnen diese Nachricht nicht vorenthalten. Noch gibt es aber keine genaueren Informationen, nur dass die Maschine vom Radar verschwunden ist. Sie ist in London nicht gelandet, aber vielleicht ist es nur ein Missverständnis und sie haben einen kleinen Abstecher gemacht. Es wurden Suchmannschaften, von Frankreich aus, hinaus gesendet und Schiffe aller Nationen im Kanal informiert, um das Gebiet weiträumig abzusuchen." Jetzt stoppte Herr Meisner seine Ausführungen und wartete auf ein Stichwort, aber es kam nur ein tiefer Atemzug, den man im Telefon hörte. „Herr Graf, geht es ihnen gut?" „Ja, kann ich von hier aus etwas tun?" „Wir können nur abwarten. Es sind ausgebildete Kräfte auf See, die wissen, was man tun muss." Dies sagte Herr Meisner, um den Grafen zu beruhigen. „Bitte rufen sie mich an, sobald es auch nur die kleinste Spur gibt", bat der Graf den Botschafter. „Selbstverständlich, Herr Graf", erwiderte Herr Meisner und das Gespräch wurde beendet.

Die beiden Polizisten wurden von Elisabeth an der Tür empfangen und man bat die Gräfin, sich zu setzen. Sie ging mit ihnen in das kleine Eckzimmer am Ende der Diele, da sie ihren Mann nicht stören wollte, denn sie wusste, dass er bei wichtigen Telefonaten in die Bibliothek ging. Sie setzte sich an den großen Tisch und bat die Männer ebenfalls Platz zu nehmen. „Was ist denn los?", wollte sie nun wissen und schaute die Beamten an. "Wir sind von der hiesigen Polizeiwache und müssen ..." Weiter kam er nicht, denn Constantin hatte die Stimmen gehört und sich sofort in Bewegung gesetzt. „Bitte meine Herren, ich habe die Nachricht schon vernommen, da die Botschaft mich informiert hat. Ich würde es meiner Frau gern selbst sagen, haben sie bitte Verständnis dafür."
Der Beamte schien erleichtert, es fiel ihm auch nach langen Jahren seines Dienstes nicht leicht, so niederschmetternde Nachrichten zu überbringen, die unabwendbare oder aussichtslose Situationen mit sich brachten. Auch wenn man sich in diesem Fall noch an Hoffnung klammern würde, war für viele jetzt schon klar, dass etwas Fürchterliches passiert sein musste. Constantin brachte die Beamten, die sich erhoben, noch zur Tür.

Auf Hausbedienstete verzichteten sie weitgehend in der Villa, da sie nicht mehr mit Verpflichtungen und laufendem Besuch zu tun hatten. Das hatte die jüngere Generation im Schloss übernommen.

Er ging zurück zu seiner Frau, die ihn nun genauso fragend anblickte, wie zuvor die Beamten. „Constantin, um Himmels willen, was ist denn los?" Constantin lief in dem Zimmer hin und her und suchte nach den passenden Worten, um es seiner Frau so schonend wie möglich beizubringen. Er glaubte nicht an Wunder und für ihn stand auch schon fest, dass er seinen Sohn nicht wiedersehen würde. „Elisabeth", jetzt setzte er sich zu ihr und nahm ihre Hände in die seinen, die sie vor sich zu einer betenden Hand gefaltet hatte. „Unser Sohn ist in London nicht gelandet. Man vermutet einen Absturz über dem englischen Kanal." In diesem Moment sackte Elisabeth vom Stuhl, das war das Letzte, was sie erwartet hatte. Es überstieg ihre Kräfte. Constantin versuchte sie noch zu halten, aber er konnte den Aufprall auf dem Boden nur abbremsen, nicht vermeiden. Sofort ging er in die Bibliothek, wählte den Notruf und seine Frau wurde kurze Zeit später in die Klinik gebracht, da ihr Zustand besorgniserregend war. Dr. Hansen, der Hausarzt, wurde informiert und kümmerte sich bei der Aufnahme seiner Patientin in der Klinik um alles.

Die Ereignisse überschlugen sich und am Abend kam Constantin aus dem Krankenhaus zurück zum Gut. Er ließ sich von Ferdinand direkt zum Schloss bringen. Hier hatte noch keiner eine Ahnung, was im Laufe des Tages geschehen war.

„Bitte Felix sagen sie allen Bescheid, dass ich sie sprechen möchte." Felix ging sogleich mit den Worten, „Sehr wohl Herr Graf", seiner Aufgabe nach. An der Tür hörte er den Grafen noch einmal sprechen: „Bitte erst Anna und den

Jungen zu mir, danach das Personal." Felix nickte und schloss die Tür von außen.

Anna spürte, dass etwas vorgefallen sein musste, schon als Felix sie bat, in das Arbeitszimmer zu gehen. Sie ging in Alexanders Zimmer und dieser lächelte sie an: „Ist Mama am Telefon?", und sprang sofort von seinem Kinderstuhl auf, um zum Apparat zu laufen. Aber sie hielt ihn an den Schultern fest, als er zur Tür hinaus rennen wollte. „Langsam Alexander, nein, deine Mama ist nicht am Telefon. Dein Großvater möchte mit uns im Arbeitszimmer sprechen." Er hob den Kopf zu ihr hoch und sagte überrascht: „Großvater?", drehte sich um und Anna folgte ihm. Als sie das Arbeitszimmer betraten, saß Constantin mit dem Kopf weit nach unten gebeugt an dem großen schweren Schreibtisch und hatte eins der Bilder, das darauf stand in der Hand - seinen Sohn.

Er stellte es beiseite und schaute seinen Enkel an, „Alexander, komm mal her zu mir", dabei hielt er die Arme auf, als wolle er ihn einfangen. Als Alexander näher kam, nahm er den Jungen auf seinen Schoß. Anna war verblüfft, sie hatte so etwas von Constantin noch nie gesehen und erschrak bei seinen Worten. „Alexander, du bist doch schon ein großer Junge mit deinen sieben Jahren. Du weißt, dass manchmal Dinge passieren, die sehr schmerzen können. Was ich dir jetzt sagen werde, das wird dir sehr, sehr wehtun, aber leider muss ich das tun. Wir hoffen, dass alles nicht wahr ist, aber bevor es dich irgendwann umso härter trifft, sollst du es lieber jetzt sofort erfahren." Der Junge lauschte dem Großvater und merkte auch, dass es ihm nicht leicht fiel, die richtigen Worte zu finden. „Was denn Großvater, ist etwas mit meinem Pony?" „Nein Alexander, nicht mit deinem Pony, mit deinen Eltern hat es zu tun." Und er wartete einen Moment bevor er weiter sprach, „Sie werden vermisst. Man sucht sie noch, aber es scheint so zu sein, dass sie mit dem Flugzeug über dem Kanal abgestürzt sind." Jetzt war es raus und er erwartete dass Alexander in Tränen ausbrach und bei ihm Trost suchen würde. Aber stattdessen sprang er von seinem Schoß, rannte aus dem Zimmer und schrie voller Hass: „Du lügst! Du wolltest noch nie, dass ich mit meinen Eltern glücklich bin. Ich will deinen ganzen Wein und das Schloss nicht, ich will meine Eltern zurück!" „Junge, was sagst du denn da?", sagte ein sichtlich gebrochener alter Mann. Aber Alexander war an den Bediensteten schon vorbei und aus dem Schloss gelaufen. „Bitte Anna kümmern sie sich um ihn", sagte er jetzt zu der versteinerten Frau in der Ecke. Sie hatte vernommen was er sagte und war erstarrt. Sie musste stark sein, jetzt brauchte der Junge allen Halt den er bekommen konnte. Das wusste sie und deshalb musste sie ihre Gefühle ganz hinten anstellen. Sie nickte, denn zu mehr war sie gerade nicht im Stande und folgte dem Jungen.

Constantin bat Felix die Belegschaft ins Arbeitszimmer zu bringen und erklärte auch ihnen, welch tragische Ereignisse vorgefallen waren. Alle waren betroffen, denn man war sich nicht fremd und fühlte mit dem Grafen. Sie bedauerten auch den Zusammenbruch seiner Frau und hofften, dass sich die Behörden doch geirrt hätten. Aber den meisten war klar, dass sich diese Hoffnung auf ganz dünnem Eis befand.

Anna fand Alexander in dem Baumhaus, welches sein Vater vor Jahren für ihn gebaut hatte. Sie krabbelte die kleine Strickleiter hinauf und zwängte sich in das enge Brettergestell. Ohne ein Wort zu sagen, setzte sie sich neben ihn auf den Boden und nahm ihn in den Arm. Er kauerte sich regelrecht an ihre Brust und man hörte nur sein Weinen.

Es war schon sehr spät geworden und der Mond strahlte sein Licht in das Baumhaus. Alexander weinte schon seit einiger Zeit nicht mehr, aber er lag immer noch in ihren Armen. Er hatte nicht ein einziges Wort gesagt und Anna drehte jetzt seinen kleinen Kopf mit ihren Händen, sah ihm ins Gesicht und sagte: „Komm, wir gehen ins Haus und ich bringe dich zu Bett. Du musst versuchen ein bisschen zu schlafen." Dabei strich sie ihm mit der Handfläche übers Haupt und er ging bereitwillig mit.

Als sie etwas später an seinem Bettchen saß und ihn mit der Bettdecke zudeckte, hielt er ihre Hand fest und bat ganz leise, als verlange er etwas Unmögliches von ihr: „Bitte sing mir das Lied, das Mama immer gesungen hat, dann hab ich das Gefühl sie ist bei mir, bitte!", flehten zwei kleine Kinderaugen. Sie hatte kaum die Stimme um etwas zu sagen, so ergriffen war sie. Es fiel ihr sehr schwer, ihre Gedanken einfach beiseite zu schieben, um dem Jungen jetzt ihre ganze Kraft zu schenken. Aber singen... und Alexander drückte ihre Hand und schüttelte sie ein wenig und sagte: „Bitte, bitte!" Sie begann zu singen...

Schlafe, mein Prinzchen, schlaf ein,
es ruhn Schäfchen und Vögelein.
Garten und Wiese verstummt,
auch nicht ein Bienchen mehr summt.
Luna mit silbernem Schein
gucket zum Fenster herein.
Schlafe beim silbernen Schein.
Schlafe, mein Prinzchen, schlaf ein.

Während sie das Lied sang, liefen ihr die Tränen an den Wangen herunter. Die Ereignisse waren für den kleinen Jungen so schwer, dass er über den Kummer und in

Begleitung des Liedes eingeschlafen war. Anna gab ihm einen Kuss auf die Stirn und versprach, auch wenn er das nicht mehr hörte: „Ich werde dich beschützen, mein Junge, das habe ich deiner Mutter einmal versprochen."

~ * ~

Ein grelles Licht schien ihr aufs Gesicht, und sie versuchte die Augen zu öffnen, aber sie konnte gegen den grellen Schein der Sonne kaum ankommen. An ihren Beinen merkte sie, wie sich eiskaltes Wasser immer wieder über ihr ausbreitete. Sie zog die Beine ein wenig zum Körper und kauerte im Sand. – *Was mach ich hier?* – Dachte sie und fasste sich an die klopfende Stirn. Sie sah das klebrige Blut an ihren Fingern und konnte gerade noch zwei Jungs erkennen, die an einer Lichtung heraustraten, bevor es wieder dunkel um sie herum wurde.

Es sollten Tage vergehen, bis sie ins Leben zurückkam. Die Ärzte kämpften mit allen Mitteln um sie, die ihnen zur Verfügung standen, ohne zu wissen, wen sie vor sich hatten. Es war ein Kampf um eine Frau, der etwas Schlimmes an diesem Strand, wo sie von den Brien-Brüdern gefunden wurde, passiert sein musste.

Schwester Sarah sah gerade, wie ihre Augen leicht anfingen zu flackern und rief sofort nach dem Arzt.

Dr. Wellington trat an ihr Bett und nahm ihre Hand, um die Reaktionen der Patientin zu testen. „Na da sind wir ja wieder, das wurde aber auch Zeit. Ich dachte schon sie würden mir persönlich aus dem Weg gehen." Er schmunzelte ein wenig und versuchte dabei etwas bei ihr wach zu rufen: „Wenn sie das spüren, dann machen sie bitte die Augen kurz zu und wieder auf." Er strich ihr mit einem kühlen Gegenstand über den Arm und sie zwinkerte mit den Augen. Dann hob er die

Bettdecke am Ende des Bettes etwas an und fuhr über ihre Fußsohle. Auch da bewegte sie die Augen und schloss sie für einen Moment. Er nahm eine kleine Lampe und leuchtete kurz über ihre Augen, um die Pupillen zu testen. Dabei sagte er: „Nicht erschrecken es wird jetzt kurz hell." Er sah sie an, als er die Lampe wieder in seinem Kittel verschwinden ließ und fragte: „Wie heißen sie denn?" Dr. Wellington sah, wie sie mit den Augen rollte und versuchte ein Wort zu formen, aber sie geriet in Panik. Er nahm sie behutsam bei den Schultern und sprach auf sie ein: „Bleiben sie ganz ruhig, das kann vorkommen, dass man nicht sofort Worte findet oder dass unser Sprachzentrum vergisst, wie es arbeiten muss. Das ist aber alles nicht so tragisch, das wird nach und nach wiederkommen. Wissen sie denn wie sie heißen?" Sie schüttelte heftig mit dem Kopf. „Das wird sich alles geben, lassen sie ihrem Körper ein paar Tage Ruhe, bis er sich erholt hat. Dann werden sie wieder ganz die Alte sein", drehte sich zur Schwester um und sagte: „Wenn es nicht anders geht, dann geben sie ihr ein leichtes Beruhigungsmittel. Ich schaue später noch einmal vorbei."

Sie hatte so viele Fragen. Es konnte doch nicht sein, dass sie nichts mehr wusste. - *Wo bin ich? Wie komme ich hier her? Wie lange bin ich schon hier?* - All das und vieles mehr schwirrte ihr im Kopf umher, und sie fiel über das Nachdenken, in einen langen Schlaf.

Ein paar Tage war es nun schon her, dass sie ihre Augen das erste Mal geöffnet hatte und diese weißen Wände in dem Zimmer betrachtete. Dr. Wellington kam immer wieder bei ihr vorbei und machte ihr Mut. Er fand sie reizend, hatte aber auch Mitleid mit ihr. Wie muss man sich fühlen, wenn man alles vergessen hat und sich auch nicht ausdrücken kann.

Dr. Wellington hatte seinen Doktor mit einer Arbeit über dissoziative Störungen erlangt. Betroffene verlieren teilweise oder ganz ihre Erinnerungen an ihre Vergangenheit. Das Bewusstsein für die eigene Identität oder die Kontrolle von Körperbewegungen geht verloren. Deshalb war er auch besonders an der Patientin interessiert. Ein Thema, das er schon immer verfolgt hatte, um den Menschen, die daran litten, die Zeit so angenehm wie nur möglich zu gestalten. In diesem Fall war es aber noch ein wenig anders, denn er hatte auch seine Sympathie für diese Frau entdeckt. Allein ihr Lächeln gefiel ihm, wenn er einen kleinen Scherz machte. Sie sprach ihn mit den Augen an und auch wenn sie nichts sagen konnte, hatte er das Gefühl sie zu verstehen.

„Frau...", und genau jetzt bemerkte er, als er das Zimmer betrat, dass ihm ein Fehler im Umgang mit der Patientin unterlaufen war. Sein Verhalten irritierte ihn. In seinen Augen war diese Frau etwas Besonderes, er wollte ihr keinesfalls wehtun. Wie er in den letzten Tagen beobachten konnte, war sie eine Person, die selbst in der furchtbarsten Minute noch zu Scherzen aufgelegt war und nicht sich, sondern die anderen in den Vordergrund schob. Was für eine Geschichte steckte wohl hinter dieser Frau? Es war die Neugierde, die ihn dazu brachte jede freie Minute, die er erhaschen konnte, zu ihrem Bett zu eilen. Zumindest war dies für ihn eine logische Erklärung und er entschuldigte damit sein Verhalten.

Er verdrängte seine Gedanken und setzte seinen Satz einfach fort: „Wie fühlen wir uns denn heute?" Sie nahm eine kleine Tafel vom Nachttischschränkchen, die ihr Dr. Wellington vor ein paar Tagen gebracht hatte. Sie schrieb in flüssigem Englisch, „Herr Dr., wie sie sich fühlen, weiß ich nicht genau, aber mir würde es nach einem kleinen Spaziergang an der frischen Luft bestimmt noch besser gehen." Er musste schmunzeln und sagte: „Geben sie mir zehn Minuten, dann habe ich eine halbe Stunde Zeit, um mit ihnen ein wenig in der Sonne zu sitzen." So hatte sie ein wenig Zeit, um sich frisch zu machen. Fast genau zehn Minuten später war er wieder da und schob einen Rollstuhl ins Zimmer. „Nein, nicht mit dem Ding!", schrieb sie auf ihre kleine Tafel. „Noch ein paar Tage, wir müssen doch erst ein wenig Kraft tanken", entgegnete er ihr daraufhin. Da lächelte sie und schrieb: "Hoffentlich schaffen sie es, mich zu schieben." Da war es wieder und er strahlte sie an, half ihr in den Rollstuhl und fuhr sie in den Park. Sie saßen auf einer Bank und er schaute sie einfach nur an. Sie hatte die Augen ein wenig geschlossen und genoss die warme Sonne auf ihrem Körper. Zwischendurch machte sie die Augen leicht auf und er schaute verlegen in alle Richtungen. Es war Sommer geworden und alles um einen herum war am Blühen. Die Kraft der Natur strömte in ihren Körper. Sie atmete ab und an kräftig ein und aus, als wollte sie so viel wie möglich aufnehmen.

„Steven!" Dr. Wellington drehte den Kopf, da er es war, der gerufen wurde. Die Stimme kannte er. „Ich wollte dir nur schnell die Unterlagen vorbeibringen, bevor ich die Kinder bei Mutter hole." Er sprang auf, da er das Sonnenbad seiner Patientin nicht stören wollte, das ihr sichtlich gut tat. „Cat, danke das ist lieb von dir", und küsste sie auf die Wange. „Ist sie das?", fragte Catlean und schaute auf die Frau. „Ja", und er drehte den Blick ebenfalls in die Richtung zu der Frau auf der Bank. Sie musste bemerkt haben, wie die beiden sie anschauten und lächelte zu ihnen herüber. Sie dachte nur - *was für ein schönes Paar* - und ein wenig flackerte Enttäuschung in die Gedanken mit hinein.
„Wir sehen uns später", und so kam er zurück auf die Bank. Sie schrieb: "Ich möchte hinein, es wird etwas frisch." Die

Sonne strahlte kräftig zur Erde. Er fasste ihr leicht auf die Stirn, da er befürchtete, dass sie Fieber bekam. Dies schien aber nicht der Fall zu sein. Er half ihr in den Rollstuhl und schob sie auf ihr Zimmer. Eine Schwester half ihr noch, sich ins Bett zu legen und man ließ sie schlafen.

Sie konnte aber nicht schlafen, sie drehte sich auf die Seite und merkte, wie ihr die Tränen in die Augen traten. Ein Gefühl der Einsamkeit stieg in ihr hoch. Sie hatte in der Zeit, in der sie hier lag, meist nur eine Stimme vernommen. Klar waren auch Schwestern im Zimmer ein und ausgegangen, aber die vertraute Stimme von Dr. Wellington löste in ihr mehr aus. Sie freute sich, wenn er das Zimmer betrat und sie war allein, wenn er ging. Seine Worte gaben ihr Halt. Jetzt aber wusste sie, dass sie diesen Gefühlen, die in ihr schlummerten keine Bedeutung zumessen durfte. Denn er hatte eine Frau und Kinder an seiner Seite. Noch weitere Verwirrungen konnte sie überhaupt nicht gebrauchen.

~ * ~

Graf Constantin, saß auf seinem Sessel, schaute dabei auf den See und zog an seiner Pfeife. Elisabeth hatte sich erholt und war wieder in die Villa zurückgekehrt. Die Botschaft hatte ihm mitgeteilt, dass die Suche abgebrochen worden war, da man keine Hoffnung mehr sah, die Vermissten zu bergen. In den nächsten Tagen ließ er die Trauerfeier für seinen Sohn und dessen Frau vorbereiten.

Das Portal zur Martinskirche stand geöffnet, als Constantin mit seiner Frau und dem kleinen Alexander dort hineinging. Sie schritten den langen Mittelgang entlang und die Plätze links und rechts waren bereits mit der Verwandtschaft, Freunden sowie Bekannten besetzt. Vor ihnen im Altarbereich befanden sich prunkvolle Blumenarrangements. In dieser

Pracht standen die Bilder der Gräfin Britta von Falkenberg und Graf Thomas von Falkenberg auf einer Staffelei.

Alexander war still geworden, er sagte seit jenem Abend im Arbeitszimmer nur noch das Notwendigste, aber auch Tränen sah man nicht bei ihm. Anna machte sich große Sorgen. Und auch jetzt sah sie, wie teilnahmslos er mit seinen Großeltern zu den Bildern seiner Eltern durch die Kirche schritt. Sie setzten sich in die erste Reihe und Alexanders Kinn lag kraftlos auf seiner Brust. Es war, als wäre er fremdgesteuert, gar nicht mehr er selbst. Es schien, als hätte er den Schmerz einfach ausgeschaltet.

In den letzten Tagen kamen unendlich viele Beileidsschreiben im Schloss an. Alle waren fassungslos über das Schicksal, das dieses Gut und besonders Alexander heimgesucht hatte.

Anna nahm nach der kirchlichen Feierstunde Alexander mit ins Schloss und zog sich mit ihm in die Privaträume zurück. Das war mit dem Grafen so abgesprochen. Constantin hatte noch eingeladen, am Nachmittag bei Kaffee und Kuchen die Gedanken auszutauschen. Für ihn und seine Frau war es schon eine Prozedur, das wollte er dem Jungen nicht antun. Aber es gehörte dazu und dem wollte er sich nicht verschließen. Britta und Thomas waren in der Region sehr beliebt gewesen und so nahmen auch viele Menschen das Angebot an.

Alexander ging mit Anna auf sein Zimmer. Er setzte sich an den kleinen Kindertisch und sie nahm ihn in den Arm. Ein kleiner Kerl, der keine Antworten suchte, aber unzählige Fragen haben musste. Bis heute hat er nach der Eröffnung seines Großvaters nicht einmal nach seinen Eltern gefragt. „Möchtest du nicht über deine Eltern sprechen? Es tut gut, wenn man seinen Schmerz teilt", sagte sie nun zu ihm. Er drehte den Kopf zu ihr hoch und fragte mit zitternder Stimme: „Anna - du lässt mich nicht allein - oder?" Sie nahm ihn noch fester in den Arm und sagte: „Niemals, das verspreche ich dir! Aber auch deine Eltern hätten dich niemals freiwillig allein gelassen. Sie haben dich geliebt und nur du kannst sie bei dir halten, indem du sie nicht vergisst. Dann bleiben sie in deinem Herzen lebendig." Still lag er in ihrem Arm. Anna hätte ihn am liebsten wachgerüttelt, sie konnte das Schweigen des Jungen kaum ertragen. Es war noch schlimmer, als der Tod der Eltern. Sie hätte alles dafür getan, wenn sie es ungeschehen machen könnte.

Ein paar Tage später sollte das Schicksal aber noch einmal zuschlagen. Diesmal wurde es von Graf Constantin von Falkenberg in die Wege geleitet. Er bat Anna in das Arbeitszimmer im Schloss, das er seit dem tragischen Unfall wieder für die Geschäfte übernommen hatte.

„Anna, bitte nehmen sie Platz." Sie setzte sich auf den Stuhl an dem großen massiven Schreibtisch. „Ich brauch ihnen die Situation ja nicht zu erörtern, da sie die Ereignisse der letzten Wochen sehr deutlich mitbekommen haben. Da ich und meine Frau nun auch die Verantwortung für Alexander mittragen müssen, habe ich entschieden, dass er das Gut verlassen wird, um ein Internat zu besuchen." „Aber ...", zu mehr kam Anna nicht, da er sie mit seinen weiteren Ausführungen regelrecht abbürstete. „Dadurch wird auch ihr Arbeitsverhältnis auf dem Gut hinfällig. Ich bezahle sie noch bis zum Quartalsende. Sobald der Junge das Gut verlassen hat, brauchen sie auch nicht mehr zu bleiben und können sich nach etwas Neuem umsehen. Sie sind dann freigestellt bei vollem Gehalt." Sie sah ihn ungläubig an. „Das war alles Anna, sie können jetzt gehen", wies er sie mit einer Handbewegung zur Tür.

Sie ging hinaus und stand an der Wand neben der Tür, um sich erst einmal zu fangen. Hätte sie nicht genau damit rechnen müssen, was gerade geschehen war? Lange Zeit gab es Streit um die Bildung von Alexander, weil der alte Herr Graf sich gegen seinen Sohn durchsetzen wollte und ihn am Ende fast verloren hätte. Jetzt standen ihm alle Türen offen, genau seine Zukunft für Alexander zu planen. Wenn sie dabei an den Buben dachte, dann wurde ihr angst und bange. Erst verliert er die Eltern und jetzt wird er aus dem gewohnten Umfeld herausgerissen. Dabei kann man ihm ansehen, dass er das nicht verkraften wird. Er zerbricht ja jetzt schon. Aber wie sollte sie das verhindern können? Sie war noch ratloser als vorher und sah keine Möglichkeit in die Geschehnisse einzugreifen.

~ * ~

In der kleinen Privatklinik von Dr. Wellington stapelte sich wieder einmal der ganze Papierkram der letzten Wochen. Er hatte einfach viel zu wenig Zeit, um sich um all diese Zettelwirtschaft zu kümmern. Immerhin war er Arzt mit Leib und Seele und kein Verwaltungsmensch, sonst hätte er ein Studium in diese Richtung angetreten. Er sah zum Telefon neben sich und zögerte nicht lange. Wählte und wartete, dass sich am anderen Ende jemand meldete. „Hallo Cat, schön dich zu erreichen, würdest du nachher mal vorbei schauen?" Sie wusste sofort, dass er in Arbeit ertrank, bei dem Charme den er in die Stimme gelegt hatte, als er in die Muschel des Telefonhörers sprach. „Ich bringe die Kinder noch zu Mutter, dann kann ich bei dir ein paar Stunden Ordnung machen." Erleichtert und dankbar kam ihm ein Seufzer über die Lippen: „Du bist ein Schatz."

Zwei Stunden später war Catlean gerade unterwegs zu seinem Büro, als ihr diese junge Frau, die mit Steven auf der Bank gesessen hatte, auf dem Flur entgegen kam. „Hallo", sagte Catlean und ihr Gegenüber nickte zurück. Steven hatte schon so viel von dieser Frau erzählt, dass sie richtig neugierig geworden war. „Ich habe sie im Park mit Steven zusammen auf der Bank gesehen, haben sie nicht Lust eine Tasse Tee mit mir zu trinken?" Dabei schaute sie jetzt ein fragendes Gesicht mit gekräuselter Stirn an und dachte sich: - *Was möchte diese Frau von mir, warum will sie mit mir Tee trinken? Sie kennt mich doch gar nicht* - Catlean machte die Bürotür auf und wies mit einer Handbewegung hinein. Dabei erklärte sie ihr: „Wundern sie sich nicht, aber ich habe mitverfolgt, wie man sie fand und aus rein weiblicher Neugier, wollte ich sie gern kennenlernen." Die Frau zögerte noch etwas, kam aber dann doch ein Stück näher. Kurz vor dem Betreten des Zimmers schaute sie auf, als wollte sie etwas Wichtiges sagen. Sie machte eine Art Meldebewegung wie in der Schule, dreht sich um und rannte den Flur entlang.

Weg war sie und Catlean stand etwas konsterniert in der Tür, als Steven von der anderen Seite um die Ecke kam. „Ach Cat, du bist ein Schatz", und schob sie zur Arbeit ins Zimmer. Sie hatte nicht einmal die Möglichkeit, ihm von der Begegnung im Flur zu erzählen. Steven setzte sich auf die Kante des kleinen grauen Schreibtisches, um Cat ein paar Unterlagen zu erklären. Sie hatte den Bürostuhl eingenommen und lauschte seinen Worten.

Im nächsten Moment war ein Klopfen an der Tür zu hören. Catlean rief laut: „Herein! - Sorry, das ist ja dein Büro", strahlte sie Steven an. Die Tür ging auf und die junge Frau, die eben noch, auf dem Flur das Weite gesucht hatte, trat ein. Stevens Augen leuchteten sofort auf. Mit ihr hatte er jetzt am allerwenigsten gerechnet. Sie hielt die kleine Tafel hoch, die Dr. Steven Wellington ihr besorgt hatte, worauf sie schrieb: „Jetzt hätte ich gern ein Tässchen Tee." Catlean schaute zu Steven und versuchte zu erklären: „Ich habe sie eben auf dem Flur, vor deiner Tür getroffen und sie zu einer Tasse frischen

Tee eingeladen." „Na, dann will ich die Damen nicht weiter stören", damit verließ er den Raum. Er freute sich darüber und schmunzelte bei dem Gedanken, dass die beiden Frauen bestimmt auch ihn auf der Plauschliste hatten.

„Sagen sie, wollen wir dem Kind nicht langsam mal einen Namen geben? Es ist schon etwas gewöhnungsbedürftig, wenn man nicht weiß, wie man sie ansprechen soll", fragte Catlean. Die Frau, die ihr gegenüber Platz genommen hatte, nickte. „Lassen sie uns mal überlegen", Catlean nahm den Stift zum Mund und tippte ihn ein paar Mal an, das half bestimmt beim Denken. „Was halten sie von Lian?" Die Frau schrieb zur Antwort: „Den Namen finde ich sehr schön, passt er zu mir?" „Das finde ich schon", sagte Catlean und es war eine beschlossene Sache. „Lian, was halten sie davon, wenn wir versuchen ihre Familie zu finden?" Sie war ein Mensch, der gleich auf den Punkt kam, wenn sie etwas bewegen wollte. Lian antwortete mit ihrer Kreide: „Es scheint mich ja niemand zu vermissen." Jetzt schauten sich die beiden Frauen an und Catlean hatte ein wenig Mitleid mit dem Häufchen Elend, das vor ihr saß. Wie schlimm muss es sein, nichts zu wissen, weder was passiert ist, noch wer man war. Welche Geschichte steckt hinter dieser Frau?

Lian dachte nur - *es ist schon komisch, dass gerade die Frau von Dr. Wellington mir helfen möchte, herauszufinden, wer ich bin. Ob sie etwas gemerkt hat?* – „Ach so", sagte nun Catlean beim Aufstehen, „ich habe den Tee ganz vergessen, ich hole ihn schnell."

Als sie das Zimmer wieder betrat, war Lian verschwunden und ein Zettel lag auf dem Schreibtisch. Darauf stand: Bitte nicht böse sein, aber ich bin doch noch ein bisschen schwach und lege mich noch ein wenig hin. Danke! Lian.

Catlean fand es nicht merkwürdig, sie wusste als Ärztin, dass man seine Kräfte manchmal überschätzte. Sie hatte für ihre

Kinder den Beruf an den Nagel gehängt und half nur in Notsituationen, wie z.B. bei Stevens Bürokram oder bei Personalmangel, aus. Später würde sie wieder voll mit einsteigen, wenn ihre Kinder aus dem Gröbsten heraus waren. Das hatte sie sich vorgenommen.

Es war doch eine ganze Menge, was Steven liegen gelassen hatte. Er wusste ja, dass er im Notfall sehr gute Unterstützung bekam. So war Catlean auch am nächsten Morgen wieder in die Klinik gefahren. Sie hatte gestern schon eine ganze Menge geschafft und wollte den Rest heute erledigen, aber es war noch etwas Anderes, das sie beschäftigte.

Als sie den ersten Schwung Papiere erledigt hatte, machte sie sich auf den Weg zu der Tür des Zimmers, in der Lian lag. Sie klopfte an und wartete nicht, dass jemand „Herein" rief, sondern öffnete die Tür einen Spalt und lugte mit dem Kopf voran hindurch. „Guten Morgen", sagte sie, als sie Lian im Bett frühstücken sah. Diese nickte, aber dachte nur - *jetzt werde ich verfolgt* -, dachte auch an ihr schlechtes Gewissen und dass das niemals gut gehen konnte.

Im selben Moment kam auch Steven herein und hatte eine kleine Mannschaft zur Visite dabei. Er sah Catlean und sagte zu ihr sehr herzlich: „Ich finde es schön, dass sich mein Schwesterchen um meine reizendste Patientin kümmert. Sollte da doch die weibliche Neugierde dahinter stecken?", lächelte er verschmitzt.

Bei Lian stand allein nach diesem Satz alles Kopf. Er wusste gar nicht, was er da gerade gesagt hatte. - *Schwester* -, am liebsten wäre sie aus dem Bett gesprungen und hätte mit ihm Tango getanzt. - *Catlean war nicht seine Frau - hatte er eine?* - Jetzt war sie es, die dafür sorgen würde, dass Cat, wie er sie nannte, ihr etwas erzählen musste.

Als Steven mit seiner Gruppe im Gefolge den Raum wieder

verlassen hatte, fragte Catlean zu Lian blickend: „Wie sieht es heute mit einer Tasse Tee aus? Darf ich sie nachher abholen und wir gehen ein wenig auf die Terrasse? Ich verspreche auch, dass ich sie sofort zurückbringe, sollte es zu viel für sie werden." Lian nahm die Tafel, die sie mittlerweile wie ein Taschentuch bei sich trug und schrieb: „Sehr gern!" „Gut", sagte Catlean. „Dann hole ich sie gegen 11.00 Uhr ab, da ist die Sonne noch nicht zu heiß und es ist angenehm draußen zu sitzen", und verließ dabei den Raum.

Jetzt erst hatte Lian Zeit, nach der anfänglichen Freude, die sich breitgemacht hatte, ihre Gedanken zu ordnen. - *Wieso freue ich mich so? Er hat ja kein Interesse geäußert, was bilde ich mir da bloß ein. Außerdem weiß ich ja gar nicht, wer ich bin. Nachher habe ich eine Straftat begangen, bin verheiratet, habe fünf Kinder und einen prügelnden Ehemann.* - Noch grausamer konnte man sich die Vergangenheit gar nicht vorstellen. Aber es musste ja etwas passiert sein, dass sie hier lag und weder wusste, wer sie war, noch sich in irgendeiner Weise bewusst war, jemals gesprochen zu haben. Sie war hin und her gerissen und wollte nicht auch noch Andere mit in ihr verwirrtes Leben ziehen. Am Ende würden alle unglücklich sein und ihr die größten Vorwürfe machen.

Aber alles Hadern nutzte ihr gar nichts. Catlean dachte sich schon, dass man vor lauter Grübeln bestimmt den Verstand auf Untergangsstimmung stellt. So ließ sie gar nicht erst zu, dass sie jetzt wieder einen Rückzieher machte. „Los, komm raus aus deinem Schneckenhaus, zieh dir was über, die Sonne lacht da draußen. Wir können ja mal gemeinsam überlegen, wie wir heraus bekommen, was du für eine Nudel bist", und lachte dabei. „Ups!", und fasste sich mit den Fingerspitzen an den Mund, „Entschuldige, aber ich bin manchmal ein wenig temperamentvoll. Ich hoffe, das ist ok für dich?" Lian lachte und nickte ihr zu. Machte noch eine Bewegung mit der Hand, so dass der Daumen über der Faust stand, was so viel bedeutete wie: „Voll ok".

Lian kletterte aus ihrem Bett und schrieb auf die Tafel, die sie Catlean vor die Nase hielt: „Ich zieh mir etwas an, dauert einen kleinen Moment." Legte die Tafel auf das Bett und ging in das Bad nebenan.

Nach ein paar Minuten war sie wieder da und hatte ein paar Sachen an, die ihr sehr gut standen. Catlean würde Lian jetzt nicht auf die Nase binden, dass Steven diese nach dem letzten Aussortieren bei ihr mitgenommen hatte. Er wollte Lian eine Freude machen, damit sie nicht immer in der Krankenhaustracht umherspringen musste. So gingen sie hinaus.

Die beiden hatten es sich auf der Terrasse des Krankenhauses bequem gemacht und Catlean machte einen Plan. „Als Erstes müssen wir die Tageszeitung informieren, dass es dich gibt. Die können deine Geschichte schreiben und eine Suche starten." Darauf kritzelte Lian sofort auf ihre Tafel: „Na, das wird aber ein kleiner Artikel", und lächelte. Das gefiel Catlean, sie hatte Humor.

Sie konnte schon verstehen, warum ihr Bruder, auch wenn er das bestimmt selbst noch nicht so sah, ein Auge auf diese Frau geworfen hatte. Sie war auch nicht ein einziges Mal auf den Gedanken gekommen, dass er sich verrannte, nur weil sie nicht wusste, was geschehen war. Sie wirkte ehrlich, soweit sie das nach den beiden kurzen Begegnungen einschätzen konnte.

„Du kannst dich an gar nichts mehr erinnern?" Und Lian schrieb, „Ja". Sie versuchte, auch das Wort zu sprechen. Aber es kam nicht mehr als ein Lufthauch und ein unerkennbarer Ton heraus. „Ich will dich nicht belasten, aber dann müssen wir das etwas anders machen. Wir starten einfach eine Suchanzeige mit deinem Bild."

Die Frauen tranken noch ein paar Tassen Tee, bis Steven sich einmischte. Sie hatten die Zeit vergessen und sich verplaudert, wobei Catlean ja mehr sagte als Lian. Der taten eher die Finger vom Schreiben weh.

„Hallo ihr beiden, das dürfte dem Blutdruck zwar gut getan haben, aber noch eine Tasse und meine Patientin fängt an wie ein aufgezogener Pinguin, im Krankenhaus zu tanzen. Das wollen wir doch nicht!", und lächelte Lian dabei an. Lian wurde sofort wieder warm. Wie gern würde sie ... und erschrak erneut bei der Vorstellung, in seinem Arm gehalten zu werden. Seine Stimme hatte einen sanften, ruhigen Tonfall und man fühlte sich schon bei dem was er sprach, wie auf einer Wolke. Sie hatte vergessen bei Catlean nachzufragen, ob er in festen Händen war, aber wie sollte das gehen. So offensichtlich durfte sie das ja nicht zeigen. Sie musste also geduldig abwarten.

~ * ~

Die Koffer standen schon vor dem Schloss und Alexander machte einfach, was ihm gesagt wurde. Er fragte nicht nach dem Warum. Sein Großvater hatte ihm mitgeteilt, dass er jetzt auf eine andere Schule müsste, da er und die Großmutter zu alt seien, um sich um ihn zu kümmern. Die Ausbildung würde ihn für später vorbereiten und es würde dort für sein Wohl gesorgt.

Anna stand bei ihm in seinem Kinderzimmer und man konnte nicht sagen, wer von beiden trauriger blickte. Sie strich ihm übers Haar und sagte nur: „Dein Großvater möchte das Beste für dich". Sie ging in die Hocke und sah ihn an: „Du weißt, dass du jederzeit bei mir anrufen kannst. Ich werde immer für dich da sein." Geknickt erwiderte er: „Ich weiß." Es brach ihr das Herz, ihn so zu sehen. Wo war der kleine freudestrahlende

Alexander geblieben, der dieses Haus erhellt hatte?

Wenn das seine Eltern sehen könnten …

Im Schlosshof nahm sie ihn noch einmal ganz fest in den Arm. Dann bestieg er die Limousine, in der er mit Ferdinand vom Gut fuhr. Anna blieb noch eine Weile im Hof stehen und dachte an das letzte Mal, als sie einem Auto hinterher gesehen hatte. Es war der Abschied von Thomas und Britta. Auch wenn das Schicksal, welches die beiden ereilte, schrecklich war, fand sie es noch viel schlimmer, was nun mit Alexander passierte. Ein kleiner Kerl, der gerade jetzt alle Liebe brauchte, um aus seiner Trauer zu entkommen, überließ man einfach seinem Schicksal und schickte ihn fort in die Fremde.

Anna hatte ihre alte Stellung im Krankenhaus zurückbekommen und war versorgt. Wie aber konnte sie Alexander helfen? Sie hatte immer wieder versucht, dem Großvater ins Gewissen zu reden. Wer aber den Grafen kannte, wusste, dass wenn er einmal eine Entscheidung getroffen hatte, er sie nicht revidieren würde.

So fügte auch sie sich ihrem Schicksal und verließ am selben Tag mit ihren Koffern das Gut. Sie drehte sich noch einmal zum Schloss um, als sie schon ein ganzes Stück des Weges zum Dorf gelaufen war. Gedanklich blickte Anna zurück auf ihren ersten Tag, als sie sich hier vorstellte und auf die schönen Jahre, die sie in dieser Stellung verleben durfte. Aber Wehmut stellte sich ein, denn sie hatte Versprechungen gegeben und fühlte sich, als hätte sie auf der ganzen Linie versagt.

~ * ~

Alexander wurde von Herrn Klein, dem Schulleiter, im Haus empfangen. Ferdinand gab die Koffer ab und verabschiedete sich mit den Worten: „Der Graf erwartet dann von ihnen Bericht" und fasste noch kurz an seine Kappe. Der Schulleiter nickte und Ferdinand ging zum Auto und fuhr davon.

Herr Klein sagte zu Alexander gerichtet: „Ich habe Herrn Zadak gebeten, zu uns in die Klasse zu kommen, in der du ab morgen deinen Unterricht haben wirst. Er wird dein Klassenlehrer, und wenn du etwas hast was dich bekümmert, dann gehst du zu ihm." Er lief den Gang voraus, an einigen Türen vorbei, bis sie an der angekommen waren, die er meinte. Alexander schaute sich um und suchte Hinweise, die es ihm erleichterten diese Tür auch morgen noch zu finden. Aber das sah alles so gleich aus. Der Rektor machte die Tür auf und drinnen stand schon ein Herr und wartete auf sie. „Das ist Alexander von Falkenberg und das ist Herr Zadak, dein Klassenlehrer", stellte er beide vor und wies jeweils mit der Hand auf sie. „Er wird dich durch das Gebäude führen, dir alles zeigen und dich in deine Unterkunft bringen. Den Lehrplan für die Unterrichtsstunden bekommst du dann nachher im Sekretariat von Frau Lichau, unserer Schreibkraft. Wenn du telefonieren möchtest, kannst du das auch dort tun. Wie es bei uns abläuft, wirst du in den nächsten Tagen schon mitbekommen." Alexander nickte ihm zu, dass er alles verstanden hatte. „Herr Zadak, würden sie dann bitte übernehmen?" „Dann komm", wandte sich dieser an Alexander.

„Merk dir, wo du hier bist, das wird ab heute der Mittelpunkt deines Tages sein. Hausaufgaben machen die Schüler in der Bibliothek und die werde ich dir jetzt zeigen." So liefen sie eine Stunde umher und er sah den Speisesaal, die Bibliothek, die Turnhalle, die Aula, den Physikraum, das Sekretariat, das

Musikzimmer und das Rektorat. Alles, wie in jeder normalen Schule, bis auf das was jetzt kam. Herr Zadak ging mit ihm aus dem Schulgebäude über den großen eingezäunten Hof in das Nachbarhaus. In den Klassen war Unterricht und so war es in dem Gebäude recht still. Ein paar Schüler hatten scheinbar Freistunden, denn sie waren in diesem Gebäude. „Hier wirst du schlafen und deine Freizeit verbringen. Ich zeige dir dein Zimmer, das wirst du dir mit deinen Mitschülern teilen."

Er machte die Tür auf und die Kammer, als mehr konnte man sie nicht bezeichnen, war sehr dunkel. Alexander fröstelte etwas, als er die kahlen Wände sah. Die Betten waren mehr Pritschen, die wie gestapelt aussahen. Platz war in dem Raum mehr als genug, aber wenn er sein Zimmer zu Haus damit verglich, dann wusste er doch auch schon mit seinen jungen Jahren, dass er sich hier nur schwer einleben würde. Die Freundlichkeit schien diesen Mauern sehr fremd zu sein, das hatte er in den ersten Stunden schon sehr deutlich zu spüren bekommen.

Die Tür stand noch offen und um die Ecke sausten zwei Jungen, die ihre Taschen in die Ecke knallten und erschraken, als sie Herrn Zadak vor ihnen stehen sahen. „Das sind Hans und Paule und sie werden sofort ihre Taschen aufheben und sie ordnungsgemäß an den Platz stellen, der ihnen zugedacht ist. Wir legen hier sehr viel Wert auf Ordnung und Disziplin." „Ja Herr Zadak", kam es von den beiden wie aus einer Pistole geschossen. „Das ist Alexander, er wird euer Mitbewohner. Ihr zeigt ihm alles und wir beide", dabei sah er Alexander an, „sehen uns morgen früh pünktlich um acht zum Unterricht." Er ging, schloss hinter sich die Tür und man hörte noch einen Moment den festen Männerschritt auf dem Flur davon gehen.

„Hey Alexander, man gewöhnt sich schon dran, auch an den Zadak", sagte jetzt Paule zu ihm und meinte noch: „Wir helfen dir, dich hier zurechtzufinden." Die Tür wurde mit einem erneuten Ruck aufgeschoben und es kam ein weiterer Junge in den Raum. Er war mindestens einen Kopf kleiner als Alexander, aber der Schwung, den er an den Tag legte, blies sofort in den Raum. Man hatte das Gefühl, dass der kleine Mann alles bewegte. „Na wer bist du denn?", fragte er auch gleich und baute sich mit den Händen in den Hüften vor Alexander auf, „Dass das klar ist, hier bin ich der Boss!" Alexander musste sich bremsen, um nicht gleich loszulachen. Er lächelte und meinte: „Ich bin Alexander und ich soll in dem Raum mit euch wohnen." „Schon klar, ich bin Fritz und was ich sage wird gemacht, sonst knallt`s, ist das bei dir angekommen?" Alexander schaute zu Paule und Hans und bemerkte, wie still sie im Raum standen. „Ja, habe ich verstanden", gab er zur Antwort.

Er vermisste jetzt schon seine Jungs aus der alten Schule, wo er nachmittags mit zum Spielen durfte, bei ihnen mit am Tisch saß und eigentlich ein ganz normaler kleiner Junge sein durfte.

Es spielte sich die nächsten Tage ein, so wie es ihm Paule prophezeite und es ging alles seinen Gang. Der Unterricht war zu bewältigen, mit Fritz eckte er das eine oder andere Mal an, aber auch ihm konnte er gut aus dem Weg gehen. Wenn mal keine Aktivitäten auf dem Plan standen, da es sich oft durch den ganzen Tag zog, dann saß Alexander im Hof an einem Baum und träumte in den Tag hinein. Er dachte an seine Eltern, an Anna und an die Weinberge. Wenn er so allein da saß, fing er oft an ein ganz bestimmtes Lied zu summen. Es brachte ihm die vertraute Heimat ein Stück näher und er konnte sogar für einen kleinen Moment wieder lächeln.

Er vermisste aber Anna und oft hätte er sich gern in ihre Arme gelegt, um die Sorgen seines noch so jungen Lebens zu teilen. Sie hatte für ihn den Platz eingenommen, der von einem Tag auf den anderen, wie ein schwarzer Abgrund aufsprang. Er erinnerte sich an die Stunden mit seinen Eltern und wusste, sie würden nie wiederkommen. Auch Angst spiegelte sich in seinen Gedanken. Angst sie auch in seinen Erinnerungen zu verlieren.

Der Winter kam und Weihnachten musste er nach Hause. Alexander konnte noch nicht mit Bestimmtheit sagen, ob er lieber im Internat oder zu Hause gewesen wäre. Einen Lichtblick hatte das Ganze, er würde Anna wiedersehen und darauf freute er sich riesig. Das war das Einzige, was ihn auf Weihnachten hin fiebern ließ.

~ * ~

Auch Anna hatte sich in ihre Welt verkrochen. Sie hatte sich, genau wie Alexander in ihr Schneckenhaus zurückgezogen. Litt unter der Trennung und unter dem Verlust der Grafenfamilie. Sie musste noch einmal ganz von vorn beginnen. Bei der Arbeit versuchte Anna die kleinen Patienten nicht spüren zu lassen, dass sie einen großen Schmerz in sich trug. Wenn sie ihrer Arbeit nachging, dann blühte sie teilweise auf und war fast die Alte. Aber wenn sie allein in ihrem Zimmer im Wohnheim saß, dann überkam sie die Sehnsucht nach Alexander.

Anna hatte schon ein paar Mal im Schloss angefragt, ob Alexander Besuch haben dürfte und wo sie ihn besuchen könnte. Aber Felix, so Leid es ihm tat, hatte Anweisung, ihr keine Auskunft zu geben. „Anna du musst doch verstehen, es ist so schon schwer genug für den Jungen, mach es ihm doch nicht noch schwerer", bat sie Felix regelrecht. „Geht es ihm denn gut?", fragte sie ihn noch und bekam zur Antwort: „Wie es einem Jungen im Internat geht, es wird für ihn gesorgt." Sie hatte verstanden, dass sie wenig ausrichten konnte, daher ging sie zurück, woher sie gekommen war.

So arbeitete sie immer mehr und wendete alle Kraft in die Pflege der vielen kleinen Kinder auf der Station. Sie versuchte ihre Gedanken in der Arbeit untergehen zu lassen und nicht an Alexander zu denken, was ihr sehr schwer fiel.
Es gab auch den ein oder anderen Arzt, der ihr schöne Augen machte. Aber alle Versuche sie am normalen Leben teilhaben zu lassen, misslangen gänzlich. Die anderen Schwestern fragten an, ob sie mit ihnen mal tanzen gehen wollte, oder luden sie zu einem gemeinsamen Essen ein. Aber auch das lehnte sie freundlich dankend ab. Sie hoffte einfach nur, dass eines Tages Alexander anrufen und ihr sagen würde, dass er sie nicht vergessen hatte. Wobei ein kleiner Junge ja nicht verstand, wie es dazu kommen konnte und bestimmt annahm, dass sie ihn im Stich gelassen hatte. Genau das machte ihr die größten Sorgen.

~ * ~

Catlean hatte Lian wieder einmal aus ihrem Bett geholt und fuhr mit ihr in die Stadt. Catlean würde als Ärztin auch auf die Patientin achten und so hatte Dr. Steven Wellington nichts gegen einen kleinen Bummel einzuwenden. Er war seiner Schwester sogar dankbar, dass sie Lian ein wenig Abwechslung verschaffte.
Lian war von der Mode in den Schaufenstern fasziniert. Sie hätte sich gern das eine oder andere Teil gekauft, aber so

wenig sie wusste, wie sie hieß, so wenig hatte sie auch Bargeld, um sich auch nur eine Zahnbürste leisten zu können. Alles was sie trug, waren Spenden von Ärzten und Schwestern. Irgendwie hatte sie auch gerade das Gefühl, als würde sie gar nicht sie selbst sein. Sie konnte sich nicht vorstellen, in ihrem früheren Leben auf Pump oder aus den Taschen anderer gelebt zu haben. Was konnte sie denn? Wo lag ihr Interesse? Es musste doch etwas geben, was ihr andeutete, wohin sie ihr Weg bringen würde. Damit sie einigermaßen für sich sorgen konnte, wenn sich niemand fand, der ihr sagte, wer sie ist. Catlean bemerkte, dass die anfängliche Freude über den Stadtbummel umzukippen drohte. Sie drehte Lian zu sich herum und sprach wie zu einem kleinen Kind: "Lian, bitte, ich kann mir gut vorstellen welchen Gedanken du gerade nachhängst. Wir gehen da jetzt rein und ich darf dir eins dieser schönen Kleider kaufen, ohne dass da ein Hintergedanke ist oder schwarze Wolken diese Freude zunichtemachen. Es macht mir Spaß und ich hoffe, du gönnst auch mir diese kleine Freude, aus einem Aschenputtel eine reizende, strahlende Frau zu machen." Sie sah Lian an und hoffte, dass diese nicken würde. Lian sträubte sich noch ein bisschen, aber gab dann doch nach.

Nicht ganz eine halbe Stunde später kamen die beiden Frauen wieder aus dem Geschäft. Lian drehte sich immer wieder im Kreis und man sah das kleine Strahlen in ihrem Gesicht, denn es hatte schon etwas, ein eigenes Kleid zu tragen. Catlean lachte und sagte: „Geht doch", und freute sich mit ihr.

Da Lian immer noch nicht gesund war und ihre Kräfte noch nicht ganz wieder zurück waren, wollte Catlean nur noch einen Termin erledigen, der für sie sehr wichtig war und sie dann zurückbringen.

Die beiden Frauen betraten die Drehtür und auf der anderen Seite der Tür, kamen sie in eine große Halle. Über dem

Eingangsportal hing ein Schild mit dem Namen „Shatterfield Times". Das war die hiesige Tageszeitung.

Catlean hatte vorab schon einen Termin vereinbart und Mr. Cold war für sie als Ansprechpartner da. „Wie haben sie sich das denn gedacht?", fragte er die beiden Frauen, als sie sich vorgestellt hatten.

Catlean übernahm das Gespräch und Lian saß nur daneben, lauschte den Worten und hier und da nickte sie zu dem Gesagten. Mr. Cold bat einen Fotografen, ein Bild von Lian zu machen und dieser ging mit ihr kurz in einen Nebenraum. Bei der heutigen Technik ist es ja kein Problem, sich ein Bild sofort anzusehen und so suchten sie anschließend das ansprechendste aus. Dazu wurde ein kurzer Text verfasst, mit Zeitangaben und dem Fundort. Mr. Cold fragte noch einmal in der Redaktion nach und versprach, dass der Artikel übermorgen in der Zeitung, an gut sichtbarer Stelle, erscheinen würde.

Sie verabschiedeten sich.

Lian stand vor dem Gebäude und holte ihre Tafel heraus, worauf sie schrieb: „Wie soll ich das alles wieder gut machen? Warum ich? Wieso tust du das alles für mich? Womit habe ich das verdient?" Sie hatte gläserne Augen, als sie das schrieb. Sie wusste nichts von ihrem Leben, da sie das einfach vergessen hatte. Ihr Gefühl sagte ihr aber, dass das für sie nicht das normalste von der Welt sei. „Lian, ich denke, da du als Frau ja auch auf deine Intuition vertraust, wird es dir nicht entgangen sein, dass mein lieber Bruder sich sehr gern in deiner Nähe aufhält. Wenn er bei uns war, gab es kaum ein anderes Thema. Ohne dir zu nahe zu treten, aber du bist ein spannender Fall und für alle ist es ein Wunder, dass du noch lebst. Mich hat er damit neugierig gemacht und so habe ich im Krankenhaus die erst beste Gelegenheit genutzt, um dich kennen zu lernen. Ich muss dir jetzt nicht sagen, dass du nicht den Eindruck vermittelt hast, dass dort ein Mensch sitzt, den man aus Mitleid an die Hand nehmen muss, als wir uns das erste Mal begegnet sind. Sondern, dass du für mich, egal was auch immer dabei herauskommt, woher du kommst oder wer du bist, eine Freundin werden könntest. Und auch wenn du das nicht möchtest, dann gönne mir das bisschen Abwechslung und den Spaß, den ich in den paar Stunden dabei hatte." Lian hatte gespannt gelauscht und jetzt packte sie die Tafel in die Tasche und ging auf Catlean zu, um sie in den Arm zu nehmen und damit auf ihre Weise danke zu sagen. Als Lian wieder in ihrem Bett lag, lies sie den Nachmittag Revue passieren. Über ihr Gesicht huschte ein Lächeln, als sie daran dachte, dass Catlean gesagt hatte, dass ihr Bruder sehr gern in ihrer Nähe sei.

~ * ~

Die Tage im Internat waren sehr eintönig. Der Tagesablauf war genau geplant und ließ auch wenig Freiraum, um selbst ein paar Stunden etwas Eigenständiges zu unternehmen. Die Tage wurden kühler und Alexander saß wie so oft unter seinem Baum und sah, wie der Herbst, sich mit der Verwandlung der Sträucher, Büsche und Bäume beschäftigte.
Er war ein wenig aufgetaut und hatte in Paule und Hans zwei Kameraden gefunden. Mit ihnen stellte er schon mal eine Dummheit an, so dass sie einen Abschnitt eines Buches abschreiben mussten oder dazu verdonnert wurden, den Schulhof zu fegen. Aber das machte ihnen wenig aus. Wenn Herr Zadak gewusst hätte, dass er damit den Jungen noch einen Gefallen tat, weil sie im Dreiergespann ihren nächsten Streich planen konnten, dann hätte er sich bestimmt eine andere Strafe ausgesucht.
Fritz hatte sich mit seiner Art, die anderen zu manipulieren

schnell ins Abseits gebracht, da die Drei zusammenhielten, wie Pech und Schwefel. Sie mussten nur sehr vorsichtig sein, denn wenn Fritz etwas mitbekam, von dem was sie anzettelten, und er wieder nicht mitmachen durfte, dann schwärzte er sie aus Wut direkt beim Zadak an und alles flog auf.

Aber der letzte Streich, und da waren sie mächtig stolz drauf, klappte doch super. Die Lehrer schliefen, genau wie die Schüler im Internat und die Schuhe wurden des Nachts immer vor die Tür gestellt. Wäre ja auch schlimm, wenn sie im Raum ständen und man während des Schlafes, davon ohnmächtig würde.

Die drei Knaben schlichen nachts klammheimlich zum Lehrerhaus und alle Schuhe fanden neue Besitzer. Am nächsten Morgen konnten sich die Drei fast nicht mehr einbekommen, als sie die Lehrer durch die Fenster aus dem Nachbargebäude rennen sahen. Alle mit zwei Schuhen in der Hand. An dem Tag fing der Unterricht ein paar Minuten später an, sehr zum Leidwesen der Schüler, da sie das im Anschluss an den normalen Unterricht nacharbeiten mussten. Die Aufregung legte sich auch nicht, als durch die Lautsprecheranlage ein Gongschlag ertönte und eine Ansage: „Hier spricht Direktor Klein, ich bitte die Schüler Hans von Rheinhausen, Paul von Eichenfels und Alexander von Falkenberg in mein Büro." Er wiederholte den Satz noch zweimal und mit einem Gong wurden die Lautsprecher wieder still. Die Drei schauten erst sich und dann Fritz an. Dieser grinste über beide Wangen. Sie wussten, warum ihre Namen dort gerade genannt wurden.

Herr Zadak gab der Klasse eine Aufgabe und brachte die Drei persönlich ins Rektorenzimmer. Der Direktor knöpfte sich die Knirpse vor. Da sie zu dritt schon die halbe Schule auf den Kopf gestellt hatten, musste er sich eine andere Strafe ausdenken, als den Schulhof zu fegen. Sie sollte auch dazu dienen, ihnen klar zu machen, dass sie eindeutig zu weit gegangen waren und den Schulbetrieb erheblich gestört hatten.

Er ließ keinen Zweifel daran, dass er davon überzeugt war, die richtigen zu bestrafen. Die Standpauke hatte es in sich, so dass sie wie begossene Pudel vor Herrn Klein standen und sich immer wieder gegenseitig anblickten.

„Sind unsere Lehrpläne nicht umfangreich genug, dass ihr noch Zeit findet, eure Energie in sinnlose Frechheiten zu verschwenden?", schrie er sie fast an und wurde dann ganz ruhig, als er sagte: „Ich habe mir für euch etwas ganz Besonderes ausgedacht.

Als erstes werdet ihr drei getrennt. Ihr werdet nicht mehr gemeinsam ein Zimmer bewohnen, dafür wird Herr Zadak im Anschluss sorgen. Paul, du wirst im Biologieraum alle präparierten Tiere wieder wie neu herrichten." Paule hörte das und verzog sein Gesicht mit einem: „iiiiiiiiiiiiihhh". Herr Klein sprach weiter und sagte zu Hans: „Du gehst in den Physikraum und wirst jedes Reagenzglas und alle anderen Teile in diesem Raum so putzen, dass ich mich darin spiegeln kann." Das verursachte ein Augenrollen in Richtung der anderen beiden Jungs. Aber er fand es angenehmer, als tote Tiere zu putzen. „Du, Alexander, gehst in das Musikzimmer und wirst die Instrumente auf das Feinste polieren." Darauf sagte Alexander: „Das sind ja über hundert, da bin ich ja Monate dran." „Das hättest du dir vorher überlegen sollen. Bei den Schuhen habt ihr auch nicht nachgezählt und es in einer Nacht geschafft." Und das hörte sich fast wie ein Lob an. Wenn die Sache nicht zu ernst gewesen wäre, hätten bestimmt auch die Lehrer mitgelacht; aber das hätte nicht in dieses Internat gepasst. „Ihr werdet jede freie Minute damit verbringen, bis alles in bester Ordnung ist. Ich werde mich höchstpersönlich überzeugen, dass ihr das auch ordentlich erledigt." Er sagte zu Herrn Zadak gerichtet: „Sie können die Drei jetzt mitnehmen und wenn sie ihnen ihre neuen Zimmer zugewiesen haben den Unterricht fortsetzen."

Herr Zadak gab ihnen zehn Minuten, um ihre Sachen in die Koffer zu räumen. Dann wies er ihnen die Zimmernummern zu, in denen sie ab heute wohnen würden. Hans blieb bei Fritz, da war man sich einig, dass die beiden keine Dummheiten austüfteln würden. Für ihn war es die härteste Strafe, wenn man bedachte, dass Fritz jemanden brauchte, den er schikanieren konnte. Paul legte man zu Oberschülern und Alexander hatte ein Zimmer für sich ganz allein. Das war für ihn wie ein Schlag vor den Kopf. Allein, ohne seine Freunde und keine Abwechslung, die diese kühle Kammer durch freudige Gespräche zu erhellen vermochte. Er fror bei dem Gedanken hier die nächsten Monate zu verbringen, denn die Aussicht einen Mitschüler auf das Zimmer zu bekommen, bestand meist nur im Sommer, wenn weitere Schüler auf das Internat kamen.

Er ging zum Unterricht und dazwischen zu den Mahlzeiten in den Speiseraum, wo die drei doch noch ein paar Minuten hatten, um sich auszutauschen. Den Rest der Zeit verbrachte er im Musikraum und putzte die Instrumente. Ab und an kam auch schon mal ein Ton aus der Halle, denn selbstverständlich probierte er jedes aus. Er musste ja den Klang prüfen, zumindest hätte er das gesagt, hätte man ihn gefragt.

Das schönste Stück stand vor ihm und er schaute es immer wieder an. Irgendwie hatte er das Gefühl, dass ihn dieses Instrument geradezu anzog. Da er nicht wusste, wo er bei diesem großen Teil überhaupt mit Putzen anfangen sollte, hatte er bislang einen großen Bogen darum gemacht. Von der Höhe her ging es ihm bis zum Hals. Er hob die Klappe hoch und setzte sich auf den Hocker davor, um an die Tasten zu gelangen. Dann drückte er auf eine der weißen Tasten und ein Ton erklang. Nur ein einzelner Ton, aber dieser löste in ihm etwas aus, was er nicht beschreiben konnte. Er drückte wieder einen Ton und lauschte. Das wiederholte er noch ein paar Mal und es faszinierte ihn.

~ * ~

Die Tageszeitung hatte den Artikel wie versprochen gedruckt. In der Klinik hatte Lian das Gefühl, das sie wie auf einem Präsentierteller durch die Räume ging. Alle drehten sich zu ihr um und schauten dabei noch einmal in die Zeitung. Scheinbar wussten die wenigsten, warum sie in dieser Klinik war. Es hatte sich noch nicht bis zu allen herumgesprochen, dass sie nicht wusste, wie die Welt sich für sie weiter drehte.

Auch an den folgenden Tagen versteckte sie sich eher in ihrem Zimmer, da sie es nicht ertragen konnte, so im Mittelpunkt zu stehen. Aber das, auf was sie am meisten hin fieberte, das passierte nicht. Kein Anruf von einer Familie, die sie erkannte. Keiner, der bei der Zeitung anrief, um eine Auskunft zu geben, wer sie war. Kein Mensch schien sie zu vermissen und sie kam sich verloren vor. Sie kam aus dem Grübeln nicht heraus und ihre Gedanken drehten sich im Kreis: - *Wie soll es weiter gehen? Hier kann ich nicht bleiben und wer zahlt die Kosten, die in diesem Krankenhaus entstanden sind? Ich muss mir eine Arbeit suchen, um zumindest eine Grundlage zu schaffen. Aber wer nimmt eine Frau ohne Gedächtnis und Sprache?-* Sie sah ihre Situation mehr als aussichtslos, egal wie sie es wendete und drehte.

Wie aufs Stichwort stand auf einmal Catlean im Zimmer. Als hätte sie es geahnt, dass ihre neu gewonnene Freundin in einer Krise steckte. Sie trällerte: „Komm raus und verkriech dich nicht. Der Tag ist zu schön und die Farben des Herbstes sind genau richtig, um ein bisschen spazieren zu gehen und mal aus diesem öden Krankenhausmief zu entkommen. Dir muss ja die Decke schon auf den Kopf fallen." Lian saß vor ihr und machte keine Anstalten sich auf einen Spaziergang einzulassen. Sie hatte ihr Leben gerade total in Frage gestellt und konnte jetzt weder eine Farbe oder sogar den Herbst genießen, noch hatte sie Lust auf witzige Sprüche. Sie nahm ihre Tafel und schrieb: "Ich kann nicht, tut mir leid." „Was soll dass denn heißen, du willst mir jetzt aber nicht erzählen, dass du einen wichtigen Termin verpassen würdest, wenn du hier nicht sitzen bleibst?" Jetzt fing Catlean an, sich Sorgen zu machen. Lian schaute, ohne auch nur eine Miene zu verziehen, in den Raum. „Sag mal, was ist denn passiert, dass du gerade da sitzt wie eine dahinwelkende Blume?", scherzte sie weiter, um eine Reaktion zu erhalten. Aber auch das prallte an Lian ab. Sie drehte den Kopf in ihre Richtung und schaute sie an, nahm die Tafel und schrieb: „Bitte lass mich allein."

Catlean verließ das Zimmer und machte sich auf die Suche nach ihrem Bruder. Da war Eile geboten, denn sie erkannte sofort, dass Lian in einer schweren Depression steckte und man schnellstens etwas unternehmen musste. Dass sie bisher alles was passiert war, so weggesteckt hatte, das grenzte schon an ein Wunder.

Sie schaute in sein Büro, aber da fand sie nur wieder ungeordnete Papiere und murmelte vor sich hin: „Später." Eine Schwester lief an ihr vorbei und sie fragte nach Dr. Wellington. Diese teilte ihr daraufhin mit, dass er außer Haus sei. Und wieder brummelte sie in sich hinein: „Immer wenn man ihn braucht ist er nicht da." Sie griff nach ihrem Handy, aber auch da bekam sie nur die Stimme des Anrufbeantworters zu hören.

Sie sagte der Schwester am Empfang: „Bitte sagen sie meinem Bruder, er möchte auf mich warten, wenn er wieder in der Klinik ist. Ich muss dringend mit ihm sprechen und bin in ca. einer Stunde zurück."

Lian hatte sich mittlerweile doch die Jacke angezogen und wollte bei einem Spaziergang zumindest die Gedanken etwas verdrängen. Sie fühlte sich so leer, aber ihr Kopf war wie ein Karussell. Egal was sie auch in sich hinein fragte, es kam nichts, was auch nur einen Hauch eines positiven Gedankens zulassen würde. - *Hätten sie mich doch einfach liegen gelassen...* -

Als Steven zurückkam, richtete die Schwester ihm aus, dass seine Schwester nach ihm gefragt hätte. Er nickte und setzte seinen Weg fort, denn er wollte nach Lian schauen. Heute hatte er noch nicht die Zeit gefunden, da ein Termin den anderen jagte. Jetzt aber hatte er sich eine Pause verdient und die würde er gern mit ihr verbringen. Er schaute ins Zimmer und dachte sich: – *Da war Cat wieder mal schneller, das muss ich ihr auch noch abgewöhnen.* – Schloss die Tür mit einem Lächeln und ging weiter zu seinem Büro. Er würde noch einmal vorbeischauen, wenn die Frauen mit ihren wichtigen Gesprächen fertig waren.
Als er fast vor seinem Büro war, kam ihm Catlean aufgeregt entgegen: „Steven!" Etwas verblüfft schaute er sie an und fragte: „Wo hast du denn Lian gelassen?" Jetzt war sie etwas sprachlos: „Wieso? Ist sie nicht in ihrem Zimmer?", und erzählte Steven von ihrem Eindruck, den sie von Lian hatte und man sah beiden an, dass sie voller Sorge waren. „Wir müssen sie suchen, lass uns im Krankenhaus schauen", sagte Steven und war sogleich wieder aus dem Zimmer geeilt, das sie während des Gesprächs betraten. Catlean nahm die entgegengesetzte Richtung und schaute sich um. In der Empfangshalle trafen sich beide wieder und stürmten aus der

Klinik. „Catlean du bist doch Ärztin, wieso hast du sie allein gelassen?", schrie er nun seine Schwester an. Sie drehte sich zu ihm um: „Ich wusste doch auch nicht, dass es so ernst ist. Aber lass uns suchen, vielleicht machen wir uns umsonst Sorgen und sie sitzt im Park auf einer Bank." Zumindest hoffte sie das inständig.

Catlean hatte die Kinder in die Obhut ihrer Mutter gebracht, da ihr Mann sich auf einem Kongress befand. Sie wollte noch bei Lian bleiben, um ihre Stimmung vielleicht ein wenig zu erheitern, damit sie sich nicht gänzlich verrannte. Sie konnte sich vorstellen, was diesen Stimmungswandel ausgelöst hatte und wollte ihr eine Perspektive für die Zukunft aufzeigen. Hoffentlich war es jetzt nicht zu spät.

Catlean war zurück zur Klinik gelaufen, um auch die Polizei zu informieren. Sie hatte mit Steven abgesprochen, dass sie in der Klinik wartet, falls Lian dort auftauchen würde.
Steven lief derweil durch den Park und suchte die Bänke ab, aber nirgends war eine Spur von ihr. Das Gebiet war einfach zu groß und er folgte dem Weg aus dem Park in ein kleines Wäldchen, an das direkt der Strand angrenzte. Als er den Sand unter den Füßen spürte, drehte er sich nach rechts und links und schaute am Ufer entlang. Dort hinten erblickte er eine Gestalt und lief sofort los. Während des Laufens schrie er, so laut er nur konnte: „Liiiiiaaann!"
Lian drehte sich um und sah Steven. Sie schrie ihn ebenfalls an: „Was willst du denn von mir, warum hast du mich nicht sterben lassen? Ich habe doch kein Leben mehr. Wie soll ich denn weiter leben?" Steven war abrupt stehen geblieben und auch sie fasste sich mit der Hand vor den Mund. Er kam näher und nahm sie bei den Schultern, dabei schaute er ihr tief in die Augen, „Mach das nie, niemals wieder mit mir, dass ich vor

Sorge um dich fast sterbe." Sie kamen sich näher und er gab ihr einen zarten Kuss. Sie machte die Augen, die sie dabei leicht geschlossen hatte, wieder auf. Sah ihm ebenfalls in die Augen und sie verschmolzen zu einem leidenschaftlichen Kuss. Als sie sich lösten, sagte er: „Lian, du bist nicht allein, du wirst egal was passiert nicht allein sein, weil ich dich liebe."

Etwas später rief er bei Catlean an und sagte ihr, dass er Lian gefunden habe. Sie sollte Entwarnung bei der Gendarmerie geben; er würde sie nach Hause bringen.

Er brachte sie jedoch nicht in die Klinik, sondern nahm sie an diesem Abend mit zu sich nach Hause.

Am nächsten Morgen klingelte es an der Tür und Steven machte sich auf den Weg, um sie zu öffnen. „Hallo Cat, schön, dass du Zeit hast, mit uns zu frühstücken." Sie schaute ihn verblüfft an: „Ist sie hier?" Er kam nicht zum Antworten, denn es prasselte schon die nächste Frage auf ihn ein: „Wie geht es ihr?" Und jetzt gab sie ihm einen Atemzug lang die Möglichkeit zu antworten. „Ja, sie hat heute Nacht hier im Haus geschlafen und ich werde einen Teufel tun, sie hier wieder wegzulassen." Dabei strahlte er wie ein Honigkuchenpferd. Sie kniff ihn in den Arm und meinte dabei: „Du Esel, warum denn nicht gleich so." Sie standen noch immer an der Tür und er bat sie herein zu kommen. Er ging in die Küchenzeile um den Tee aufzusetzen und wies ihr einen Platz an dem festlich gedeckten Tisch zu. „Ich glaube, ich muss mich in Robert auch mal neu verlieben, dann bekomme ich auch so ein galantes Frühstück."

„Könntest du dich heute ein wenig um Lian kümmern, ich würde sie nach gestern nicht gern allein lassen. Sie in der

Klinik abzuladen, wäre auch keine gute Idee. Aber ich muss leider nach meinen Patienten schauen. Ich glaube zwar, dass sie fürs Erste auf dem Weg ist, wieder Fuß zu fassen, aber ich weiß ja nicht, welche Gedanken ihr noch in dem schönen Köpfchen herumschwirren." „Ich habe für heute Morgen alles geregelt und habe viel Zeit mitgebracht, da ich das ohnehin vorhatte", sagte sie, während sie sich ein Croissant mit Butter bestrich. „Wo ist sie überhaupt?" Catleans Frage war wie ein Stichwort, denn im selben Moment kam Lian in den Essbereich des Hauses, wo Steven und Catlean es sich in einer kleinen Essecke gemütlich gemacht hatten.

Cat schaute die beiden an. Steven stand sofort auf und ging auf Lian zu. „Lian wie fühlst du dich heute Morgen, hast du ein wenig schlafen können?" Aber nicht Lian, sondern Catlean antwortete: „Hey, ihr zwei Turteltauben, wenn ich das Leuchten in euren Augen sehe, dann bekomme ich gleich anstatt eines Frühstücks ein Feuerwerk präsentiert. Könntet ihr das abkürzen, sonst wird mein Croissant trocken." „Manchmal könnte man auch die eigene Schwester übers Knie legen, sie gönnt einem nichts", schaute Steven zu Catlean. Er brachte Lian, die bisher noch nichts gesagt hatte an den Tisch und holte den Tee. Sie blickte Steven dankbar an, als er sich an seinen Platz setzte. Jetzt wurde Catlean ein wenig ernster und fragte in Lians Richtung: „Aber sag, wie geht es dir heute Morgen? Ich weiß ja nicht was gestern noch geschehen ist. Ich habe mir große Sorgen gemacht und war nur beruhigt, weil ich wusste, dass Steven bei dir war. Lian blickte lächelnd zu Steven und Catlean. Blicke sagten mehr als tausend Worte und Catlean gab zur Antwort: „Na, so gefällst du mir schon besser."

Lian hatte ein wenig Hemmungen und Angst, dass sie das nur geträumt hatte. Deshalb begann sie ganz langsam zu sprechen: „Ich möchte mich bei Euch entschuldigen, da ich euch so großen Kummer bereitet habe und euch danken, dass ihr für mich da seid." Steven legte die Hand auf ihre und schaute gespannt auf Catlean, die gerade stumm wie ein Fisch wurde und nach Fassung rang. Sie freute sich sichtlich mit ihr. Jetzt blickte sie zu Steven mit den Worten: „Was hast du denn mit ihr gemacht, du Wunderdoktor?", drehte den Kopf mit einem Lächeln zu Lian: „Ich freue mich so für dich", machte eine kleine Pause und fügte hinzu: „Und für mich erst, ich muss nicht mehr warten, bis du die Tafel geputzt hast." Alle drei stimmten in ein Lachen ein.

~ * ~

Die Weihnachtsferien waren endlich da und Alexander freute sich, nun doch auf das Schloss zu kommen. Er wollte sein Pony wieder einmal reiten. Die Aussicht, Anna wieder zu sehen, trieb ihn regelrecht an, seine Koffer zu packen und voller Ungeduld auf Ferdinand zu warten.

Die meisten Jungs wurden von den Fahrern der Herrschaften abgeholt, denn es war ein Internat für höher gestellte Jugendliche, die aus ganz Deutschland zusammenkamen. Die Jungs legten darauf eher weniger Wert. Wogegen die Eltern oder wie in Alexanders Fall, der Großvater großen Wert darauf legte, dass ihre Sprösslinge nur mit dem Adel zusammenkamen. Er sollte schon frühzeitig merken, dass seine Herkunft eine andere war, als die seiner bisherigen Freunde.

Alexander saß still auf der Rückbank der Limousine. Je näher sie dem Schloss kamen, desto dunkler wurde sein Gemüt. Die ganze Vorfreude des kleinen Jungen wurde durch seine Gedanken getrübt. Er dachte an seine Eltern, an seine Kindheit, wie sie war bevor sie starben und an Anna. Beim Gedanken an Anna musste er sogar lächeln, sie war sein

Lichtblick. Er machte ihr keine Vorwürfe. Auch wenn er erst acht Jahre alt war, so wusste er schon, dass diese Entscheidungen von seinem Großvater getroffen wurden und man keine Chance hatte etwas dagegen zu tun.

Die Limousine fuhr am Schloss vor und Hermine sowie Felix standen an der Tür, um den jungen Herrn Grafen zu empfangen. Hermine war angewiesen, für sein Wohl zu sorgen. Da Anna nicht mehr im Schloss war, musste sie diese Aufgabe neben ihren anderen Pflichten, für die Tage von Alexanders Anwesenheit mit übernehmen. Felix brachte nach einer herzlichen Wiedersehensfreude den Koffer des Jungen in sein Zimmer und Hermine würde ihn später auspacken. Aber Alexanders ganze Freude wurde getrübt, als er erfuhr, dass Anna nicht mehr auf dem Schloss wohnte. Er dachte nur:
- Sie wird mich aber bestimmt in den Ferien besuchen kommen. -

Die Großeltern sind, da das Schloss unbewohnt war, wieder in ihre alten Räume gezogen. Constantin hatte einen Verwalter für das Gut eingestellt und für die Laufzeit seines Vertrages konnte er in die Villa ziehen. Das nahm er auch gern an und hatte dort sein Domizil eingerichtet.

Als Alexander die Treppe hinauf ging, um in sein Zimmer zu kommen, kam ihm Constantin, der nach seiner kränkelnden Frau gesehen hatte, entgegen. „Da bist du ja endlich, ich dachte schon du würdest es ausschlagen mit mir durch die Weinberge zu reiten." Keine herzliche Umarmung, sondern es standen sich einfach zwei Menschen gegenüber, die versuchten über eine gemeinsame Verbindung, die Leidenschaft des Reitens, miteinander klar zu kommen. Gerade Kinder wie Alexander spürten genau, wo sie willkommen waren und wo nicht und so kam es sehr kühl von Alexander zurück: „Ich ziehe mich schnell um, dann können wir los, Großvater."

Zwei Nüstern schnaubten ihn an, als er in den Stall kam. Der Kopf des Ponys machte Bewegungen, als würde es sich freuen ihn zu sehen und schmiegte seine Wange an die des Pferdes, nachdem es sich beruhigt hatte. Alexander strich ihm sanft über die Mähne. So entstand sofort die alte Vertrautheit zwischen Reiter und Pferd. Die Pferde waren vom Stallburschen schon hergerichtet worden, daher konnte er das Pony am Zügel aus dem Stall führen. Großvater stand hoch zu Ross davor.

Sie ritten durch die Wälder und über die Wiesen, still neben- oder voreinander her. „Es wird um diese Jahreszeit schnell dunkel am Abend. Wir werden zurück reiten und wenn du Spaß daran hast, können wir unseren Ritt gern wiederholen", sagte Constantin und bog mit seinem Pferd in einen kleinen Weg ein, der zurück zum Schloss führte. Alexanders Pony folgte ihm.

Bevor er zu Bett ging, schaute er noch bei seiner Großmutter vorbei. Elisabeth freute sich sichtlich über seinen Besuch: „Oh mein Junge, du bist ja schon wieder ein Stück gewachsen." Sie saß mit einer Wolldecke bedeckt in einem Sessel. Alexander ging zu ihr und setzte sich auf die Sessellehne. Da strich sie über seine Hand und sagte nur: „Du hast es nicht leicht mein Junge", und mehr zu sich selbst fügte sie an, „ich hätte manchmal gern deine Kraft gehabt." Alexander sah, dass seine Großmutter sehr krank war. Er wusste auch, da man ihm das gesagt hatte, sie dürfe sich nicht aufregen. Aber er hatte eine Bitte, die ihm auf der Seele brannte. „Kannst du mir von Papa erzählen, als er klein war? Ich würde so gern mehr von meinen Eltern erfahren, aber du bist die Einzige, die ihn mir mit deinen Geschichten näher bringen kann." Elisabeth sah Alexander an und er hatte schon Angst, dass sie das zu sehr aufregen würde. Er fügte an: „Nur wenn das für dich nicht zu anstrengend ist." „Nein, mein Junge, ich freue mich sogar darauf dir so viel wie möglich zu erzählen."

So ging er mit dem Großvater reiten und am Abend versüßte er der Großmutter die Stunden, indem er ihren Geschichten lauschte. Sie blühte regelrecht auf, als sie an früher dachte und auch ihren Jungen wieder als kleinen Lausbuben um das Schloss laufen sah.

Alexander hörte gespannt zu. Wenn er merkte, dass die Großmutter sich müde geredet hatte, zog er sich leise zurück und freute sich schon auf den nächsten Abend in ihrer Gesellschaft.

Hin und wieder bat er seinen Großvater darum, bei seinen alten Freunden vorbeischauen zu dürfen. Der hatte nichts dagegen, dass Ferdinand ihn dorthin brachte. Auf dem Rückweg eines solchen Besuches fragte er Ferdinand so ganz nebenbei: „Können wir schnell bei Anna vorbei schauen, das ist doch bestimmt kein Umweg, bitte", und klatschte dabei in seine kleinen Hände, so dass es Ferdinand ganz eng ums Herz wurde. Er fuhr weiter in Richtung Schloss und sagte: „Alexander, das geht leider nicht. Die Anna die ist kurz nachdem du das Schloss verlassen hast weit weggezogen."

Alexander hatte die Worte gehört und konnte nicht glauben, dass seine Anna einfach fortgehen würde, ohne ihm zu sagen wo er sie finden könnte. Nein, das würde Anna nicht tun. Er fragte deshalb wieder zu Ferdinand schauend: „Hat sie einen Brief dagelassen, oder sollst du mir was ausrichten?"

Ferdinand schluckte, denn es fiel ihm schwer darauf zu antworten, aber er hatte seine Anweisungen zu befolgen: „Nein, sie hat nichts hinterlassen", und fügte hinzu, „vielleicht hat sie alles so traurig gemacht, dass sie ein neues Leben beginnen wollte." Alexander nickte und erwiderte: „Bestimmt ist das so", und ließ das Kinn auf seine Brust fallen, während eine Träne an seiner Wange herunterlief. Ferdinand hätte am liebsten umgedreht und den Wagen in Richtung des Krankenhauses gelenkt. Er wusste nur zu gut, dass diese beiden Menschen sich so nacheinander sehnten und er es in der Hand hatte sie zusammenzubringen. Aber seine Anstellung und seine Loyalität zu seiner Herrschaft verboten ihm solch eigenmächtiges Handeln. So fuhr er mit dem Wagen vor und sah dem kleinen Grafen traurig hinterher, wie er ins Schloss hineinging.

~ * ~

Weihnacht stand vor der Tür und die Lichter erstrahlten an dem großen Baum. Mit den goldenen Kugeln, den Engeln und den Schleifen daran sah er wunderschön aus. Am Heiligen Abend war es Tradition, dass die Familie zusammenkam und auch Freunde eingeladen wurden. Dr. Hansen und seine Frau waren die Ersten, die im Schloss eintrafen. Ebenso gaben sich der Bürgermeister samt Gattin die Ehre, sowie noch einige Geschäftsfreunde.

Die große Tafel war im blauen Salon gedeckt worden, in dem auch der festlich geschmückte Tannenbaum stand. Alexander hatte eigens für diesen Abend einen Anzug geschneidert bekommen. Darin sah er aus, wie ein kleiner Gentleman.

Die Großmutter wurde, von Hermine gestützt, herunter gebracht und an ihren Platz geführt. Dr. Hansen hatte es sich auch nicht nehmen lassen, noch schnell einen Blick auf sie zu werfen. Alle anderen standen noch mit einem Portweinglas in der Hand und unterhielten sich.

„Ich bitte zu Tisch", ertönte die Stimme des Großvaters, der ein Zeichen von Hermine bekommen hatte, dass das Essen aufgetragen werden konnte. Vier Kellner servierten gekonnt eine klare Brühe mit Eierstich und kleinen Reiskörnchen. Die Gläser wurden mit einem trockenen Rotwein gefüllt. Alexander saß zwischen den vielen Erwachsenen und lauschte mal rechts, wo gerade die Politik in die Mangel genommen wurde und mal links, wo eher die Damen das Wort führten und über die neue Mode sprachen. Die Farbe Pink war seit Herbst angesagt und die Herrschaften waren alles andere als begeistert, bei der Vorstellung, einen Ball in Pink zu geben. Früher gingen die Männer nach dem Essen zu einer guten Zigarre in die Bibliothek. Diese Tradition verlor mit der Zeit immer mehr an Wert. Man blieb lieber in Gesellschaft der Frauen. Nach der Vorspeise stand der Rehrücken auf dem Plan und zum Schluss die Mousse au Chocolat.

Alexander wartete darauf, dass die Glocken erklangen und der Weihnachtsmann mit seinem großen braunen Sack hereinkam. Aber stattdessen betrat Felix den Raum und brachte Constantin eine große goldene Glocke auf einem Tablett. Dieser stand auf und griff danach: „Ich wünsche allen ein frohes Weihnachtsfest", und legte alle Kraft in das Läuten der Glocke. Die Gäste applaudierten und er sprach zu Alexander gerichtet: „Du darfst dich jetzt erheben und deine Geschenke, die unter dem Baum liegen, auspacken." Das ließ er sich nicht zweimal sagen und hätte beim Zurückschieben des Stuhles, diesen fast umgeworfen. Felix hatte ihn im letzten Moment aufgefangen. „Langsam, Junge, es nimmt dir keiner etwas weg", lächelte er in die Runde der Gäste und schaute Alexander zu.

Er packte ein Geschenk nach dem anderen aus. Aber fast in jedem war etwas zum Anziehen oder fürs Internat zum Lernen. Der Großvater war wieder in Gesprächen mit den Erwachsenen vertieft und Großmutter hatte man schon zurück auf ihr Zimmer gebracht. Alexander hatte keine Lust mehr in die Geschenke zu schauen, er machte die Letzten eher lieblos auf und legte Stück für Stück auf den Haufen, den er als uninteressant einstufte.

Der Großvater beendete die Gespräche am Tisch, ging zu dem Jungen und setzte sich neben ihn auf die Kissen, die um den Baum lagen. Die Gäste schauten gespannt, was er tat, denn es war ein ungewohnter Anblick des Grafen. „Alexander, ein Geschenk habe ich noch für dich", und reichte ihm eine kleine längliche Schachtel. Erstaunt riss Alexander die Augen auf und nahm die Schachtel an sich. Er öffnete sie und es strahlte ihn eine Armbanduhr an. Er schaute den Großvater eher fragend an, sagte aber: „Die finde ich sehr schön", und hätte sie jetzt am liebsten auf den Stapel – uninteressant – gelegt. Da strich ihm der Großvater über den Kopf und sagte: „Diese Uhr mein Junge, die gehörte deinem Vater. Ich dachte, es kann bestimmt nichts Schöneres geben, als dass der Sohn etwas von seinem Vater hat, das er in Ehren halten kann." Jetzt schaute Alexander genauer auf das Stück, nahm es heraus und zog es an. Sie war noch etwas groß und baumelte an seinem Handgelenk. Das sah auch Constantin und sagte lächelnd: „Da wächst du noch rein." Alexander umklammerte den Hals seines Großvaters und an dessen Ohr war zu hören: „Danke Großvater!"

Ein Bild, das alle ganz still verfolgten. Aber Dr. Hansen wurde hellhörig, als Constantin sagte: „Junge, du bist ja ganz heiß, was ist denn los mit dir?" Er ordnete an, dass er sofort ins Bett gebracht wurde. Dr. Hansen folgte, um seinen kleinen Patienten zu untersuchen.

Als er wieder in das Zimmer trat, nach einem Blick auf den Jungen, meinte er in Constantins Richtung: „Ein paar Wadenwickel und ein bisschen heiße Brühe bringen ihn bestimmt wieder auf die Beine. Ich werde Morgen noch einmal vorbeikommen, aber es sieht nach einer Erkältung aus, was in dieser Jahreszeit ja kein Wunder ist." Constantin nickte dankend und ging wieder zur Gesellschaft.

~ * ~

Auch in einem anderen Teil Europas saß man im kleinen Kreis um einen schön geschmückten Weihnachtsbaum. Diesmal hatte Catlean eingeladen, um mit ihrer Familie, ihrem Bruder Steven und Lian zu feiern. Catleans Kinder waren drei und fünf Jahre alt und ganz aufgeregt auf den Weihnachtsmann. Die Eltern von Catlean und Steven waren natürlich auch neugierig auf Lian, da sie schon viel von ihr gehört, aber sie noch nicht zu Gesicht bekommen hatten. Jetzt bot sich die Gelegenheit und man war sich auf Anhieb nicht fremd. „Komm mal her mein Kind", sagte die Mutter und bot Lian an, sie einfach Marga zu nennen, da es alle taten. Sie erklärte ihr, dass es eine Abkürzung von Margarethe sei. „Mutter", sagte Steven und blickte streng, „vergraul sie mir nicht. Ich habe lang genug gebraucht, bis ich sie eingefangen habe." Da lachte Marga und gab zur Antwort: „Ich will sie doch nur ein wenig kennenlernen, oder gönnst du mir die Freude nicht?" Zu Lian blickend sagte er noch: „Ich werde dich retten, wie ein Ritter auf seinem weißen Schimmel. Sag einfach Bescheid wenn es dir zu viel wird." Lian tat das mit einer Handbewegung und einem Lächeln ab. Sie wandte sich der älteren Dame zu und sie setzten sich und plauschten miteinander.
Die Männer hatten sich ein wenig zurückgezogen, während sich Catlean um die Gans in der Bratröhre kümmerte. Diese musste noch einmal mit dem Sud übergossen werden, damit sie einen saftigen Eindruck machte, wenn sie gleich serviert wurde.

Die beiden Kinder spielten inmitten aller und liefen mal rechts, mal links, so dass immer ein Erwachsener auf sie acht hatte.

Während des Gesprächs mit Marga, schaute Lian aus den Augenwinkeln immer wieder zu den Kindern. Sie hatte das Gefühl, als hätte sie das schon mal erlebt. Dieses Kinderlachen unterm Weihnachtsbaum rief irgendetwas in ihr hervor. Sie konnte sich auch täuschen, aber irgendwie genoss sie diese Stimmung.

Der Braten mit all den herrlichen Beilagen war aufgedeckt und Catlean bat zu Tisch. Die beiden Jungs kamen zwischen ihre Eltern, so konnten diese ihnen beim Essen etwas helfen. Robert als Gastgeber versorgte alle mit Getränken und hob anschließend sein mit Wein gefülltes Glas mit den Worten: „Ich wünsche euch ein besinnliches schönes Weihnachtsfest." Darauf nahm jeder sein Glas und prostete ihm zu, mit den Worten: „Frohes Weihnachtsfest!"

Nachdem auch Lian die Weihnachtswünsche erwidert hatte, roch sie an ihrem Wein, schwenkte das Glas ein wenig, um dann einen kleinen Schluck zu genießen. Steven schaute etwas verwundert, aber doch interessiert zu und fragte: „Ist er gut?" Auch die anderen blickten auf Steven, was er denn gemeint haben könnte. Da antwortete Lian auf Stevens Frage: „Ja, ein vollmundiger, harmonischer Wein mit einem modernen Charakter, aber genau richtig für dieses schöne Essen." Keiner der Anwesenden sagte ein Wort und sie genoss noch einen weiteren Schluck. Dabei bemerkte sie, dass alle auf sie blickten, „Habe ich etwas Falsches gesagt?", und war sich nicht bewusst, was sie gerade getan hatte. Es schien wie Fahrrad fahren zu sein, wer es einmal erlernt, der kann es ein Leben lang. Steven übernahm das Wort: „Ich würde vorschlagen, dass wir zum Essen nur noch Weine nehmen, die uns Lian vorkostet. Sie scheint eine Weinliebhaberin zu sein."

Alle lachten und freuten sich für sie, dass sie wieder ein kleines Puzzleteil ihres Lebens gefunden hatte.

Ein rundum gemütlicher, schöner Weihnachtsabend. Auch die Kinder hatten einen riesigen Spaß beim Auspacken ihrer Geschenke und fielen irgendwann ganz müde in ihre Bettchen. Lian ging noch mit, als Catlean den Kindern gute Nacht sagte. Sie war bewegt von dem Augenblick und auch hier hatte sie das Gefühl, es schon einmal erlebt zu haben.

~ * ~

Alexander hatte seit Tagen Fieber. Es stieg immer weiter an, egal was Hermine unternahm.

Dr. Hansen kam täglich mehrmals ins Schloss und ließ sich schließlich beim Grafen anmelden: „Bitte Herr Graf, ich kann hier für Alexander nichts mehr tun. Ich muss ihn mit in die Klinik nehmen, dort kann ich ihn gründlich untersuchen, damit wir feststellen, was dem Jungen fehlt." „Sie wissen, warum ich das nicht möchte und es wäre nicht gut ..."

Jetzt war es der Arzt, der dem Grafen energisch ins Wort fiel. „Wollen sie den Jungen lieber sterben lassen, als zuzulassen, dass man merkt, dass auch sie Fehler machen? Sind sie denn des Wahnsinns, das auf der Gesundheit des Jungen austragen zu wollen. Er gehört in eine Klinik, hier kann ich für ihn nichts mehr tun, so leid es mir tut." Er hatte sich so in Rage geredet, dass er sein Taschentuch aus der Hosentasche nahm und sich einmal über die Stirn wischte. Der Graf sah ihn mit aufgerissenen Augen an: „So schlimm ist es?" „Ja, ich habe eine Vermutung, aber um Genaueres sagen zu können, sind weitere Untersuchen von Nöten." „Dann nehmen sie ihn um Gottes Willen mit und halten sie mich auf dem Laufenden."

Constantin setzte sich in den Stuhl am Schreibtisch und tat als würde er wichtige Arbeit verrichten. Das war das Zeichen für den Arzt, dass er gehen sollte.

Dr. Hansen bat Felix einen Krankenwagen zu rufen und wartete, bis dieser im Schloss eintraf.

Alexander bekam ein Einzelzimmer und Dr. Hansen machte weitere Untersuchungen, die seinen Verdacht verstärkten. Das Blutbild würde die Antwort auf seine Fragen bringen, so hoffte er.

Der Junge bekam von all dem wenig oder gar nichts mit, so hoch war sein Fieber. Sein Zustand war teilweise so kritisch, dass Dr. Hansen sich nicht wagte, das Krankenbett zu verlassen. Als Freund des Hauses wusste er um die vielen Sorgen des kleinen Knaben, da er sie hautnah miterlebt hatte.

Er schaute ab und an ins Schwesternzimmer, da er dort jemand bestimmten erwartete. „Bitte sagen sie Anna nichts von der Neuaufnahme. Das möchte ich selbst machen. Sagen sie mir einfach Bescheid, wenn sie ihren Dienst antritt", sagte er zur Oberschwester. Diese verteilte bei Dienstantritt die Aufgaben, wenn die Schwestern ihren Dienst tauschten.

Es dauerte auch nicht lange, da trat Anna ins Schwesternzimmer.

Olga, die Oberschwester, sagte nur: „Ich bin gleich wieder da, hältst du bitte die Stellung?" Anna nickte und zog sich derweil um. Als Olga mit Dr. Hansen den Raum betrat, hatte sie ihre Schwesterntracht bereits an. Er nahm Anna mit einer Hand bei der Schulter und schaute sie ernst an, „Du musst jetzt stark sein mein Kind!" Sie kam sich vor, als hielt der Pfarrer ihr eine Predigt. „Herr Doktor, sie machen mir Angst", erwiderte sie und man sah, dass sie das Gesagte ernst nahm. Anna ging in Gedanken alle Kinder durch, die in letzter Zeit bei ihnen waren. Bei schweren Fällen kam es auch vor, dass sie den Kampf verloren. Es wäre nicht das erste Mal, dass Anna einen solchen Jungen oder ein solches Mädchen betreute. Sie fragte:

„Ist es wieder ein schwieriger Fall?" Dr. Hansen schob sie jetzt ohne zu antworten in Richtung Flur. Dort ging er voraus und sie folgte ihm. Er machte die Tür zu Alexanders Zimmer auf. Anna die hinter ihm stand, ging an ihm vorbei und betrat das Zimmer. Sie sah auf das Bett, schlug die Hände gefaltet vor den Mund und blieb reglos stehen. Nachdem sie sich etwas gefasst hatte, schaute sie zwischen Alexander und Dr. Hansen hin und her. Der Arzt blieb still und sie ging zum Bett. Sie strich Alexander eine Haarsträhne aus dem Gesicht und fühlte seine Stirn dabei. „Er glüht ja!", und sah Dr. Hansen an, um eine Erklärung zu bekommen. „Anna, bitte kümmere dich um ihn, du weißt, was zu tun ist. Wir hoffen, dass er auf das Antibiotikum anspricht, das ich ihm gegeben habe. Alles Weitere werden erst die Untersuchungen zeigen. Wenn du aber meinst, dass du das nicht schaffst, dann werde ich eine andere Schwester bitten." „Nein, wenn mein Dienst es erlaubt, dann werde ich ...", weiter kam sie nicht. Dr. Hansen legte Anna, die sich vor Alexander ans Bett gesetzt hatte, die Hand wieder auf die Schulter und sagte: „Du bist von jeglichem Dienst freigestellt und nur für Alexander da. Ich werde das mit der Oberschwester absprechen, denn ich weiß, wie sehr dir dieser Junge am Herzen liegt und das niemand ihn so gut versorgen könnte, wie du." Sie sah ihn einen Moment dankbar an und legte ihre Hand auf die des Arztes. Auch er war betroffen, von den Schicksalsschlägen des Jungen und wünschte nichts sehnlicher, als dass er sich irrte. Anna wandte sich Alexander zu, denn dieser schien unruhig im Fieber zu träumen. Sie strich ihm über seine Stirn und sprach leise mit ihm. Ganz langsam bekam er einen gleichmäßigeren Atem und man spürte, dass ihn die Stimme beruhigte.

Dr. Hansen hatte das Zimmer verlassen und Anna ließ Alexander keine Minute aus den Augen. Die ganze Nacht wachte sie an seinem Bett, so wie früher im Schloss. Sie machte ihm Wadenwickel und versorgte ihn mit allem, was ihr zur Verfügung stand. Das Fieber sank ein wenig und ab und an hatte sie das Gefühl, als würde er die Augen ein bisschen aufschlagen. Oder sah sie es nur, weil sie es gern sehen wollte? In den Morgenstunden fielen ihr die Augen zu und Dr. Hansen fand sie mit dem Kopf auf Alexanders Bett schlafend vor.

Man sah ihr an, dass es eine sehr anstrengende, lange Nacht für sie war. Alexander wirkte geschwächt vom Fieber und seine gesamte Konstitution war nicht das, was man von einem achtjährigen Jungen erwartete. Dr. Hansen weckte Anna und sie erschrak ein wenig, dass ihr die Augen zugefallen waren. „Anna, wie geht es dir? Ich werde eine Schwester bitten, nach Alexander zu schauen und du kannst dich ein bisschen ausruhen und schlafen." „Nein, solange das Fieber so hoch ist, werde ich nicht weggehen. Er soll nicht meinen, ich hätte ihn wieder verlassen." Er verstand was sie meinte. „Dann werde ich dir eine Liege hineinstellen lassen, damit du dich hier ein wenig ausruhen kannst." Sie nickte und nahm dankend an. „Herr Doktor, was fehlt Alexander und bitte keine Floskeln." Er schaute sie an und es dauerte einen Moment bis er sich die Worte zurechtgelegt hatte: „Anna, Alexander hat eine Lungenentzündung und sein ganzer Körper hat wenig Kraft, um sich da hindurch zu kämpfen. Wir können nur hoffen, dass er diese eine Hürde nimmt und die Kraft besitzt die nächste zu meistern." Jetzt schaute sie ihn fragend an. „Anna, die Lungenentzündung ist der Anfang eines langen Kampfes. Er hat Leukämie und wir müssen schnellstens mit der Behandlung beginnen." Sie erschrak erneut und es wurde ihr ganz schwer ums Herz. Wusste sie doch, was das hieß. Zu lang war sie schon Krankenschwester in der Kinderabteilung und zu oft hatten sie den Kampf verloren. Aber diesen wollte sie gewinnen, das durfte nicht passieren. Sie nickte Dr.

Hansen abermals zu und konnte ihm nichts entgegnen. Sie sah Alexander an und strich ihm übers Köpfchen und sagte: „Wir schaffen das mein Junge, wir schaffen das."

~ * ~

„Lian und Steven sind ein so schönes Paar", bemerkte Marga so ganz nebenbei, als Catlean wieder einmal die Kinder vorbei brachte. „Ja", bestätigte auch Catlean, „Ich würde ihr so gern helfen heraus zu finden, wer sie ist, dass sie ihre Erinnerung wieder findet. Die Zeitungen, in denen wir bisher inseriert haben, brachten kein Ergebnis. Wenn ich zu viel mache, stürze ich sie vielleicht wieder in dunkle Gedanken und die werden auch ohne mich früh genug kommen. Es kann doch nicht sein, dass ein Mensch verschwindet und niemand nach ihm sucht." Marga verstand was Catlean meinte: „Vielleicht hat sie ihren Mann verlassen und er ist der Meinung es gehe ihr gut. Ist dir mal in den Sinn gekommen, dass sie vielleicht gar nicht aus dieser Gegend stammt? Sie spricht kein eindeutiges Englisch, vielleicht ist sie von Schottland. Auf jeden Fall hat sie Ahnung von Weinen und es würde mich der Kuckuck holen, wenn sie keine Dame ist", und fügte noch verschmitzt lächelnd hinzu, „Unser Junge hat Geschmack!" Catlean lachte: „Ja das hat er. Manchmal muss einem das Glück eben erst an Land gespült werden." Dabei kam ihr ein Gedanke und sie fragte sich selbst: „Warum bin ich da nicht gleich drauf gekommen?", schaute zu ihrer Mutter und rief: „Ich muss weg, bis später", und war schon aus der Tür.

Es war nur eine Idee, aber das könnte es doch sein. Sie fuhr an den kleinen Hafen und dort ging sie zum Büro der Küstenwache. „Guten Morgen, die Herren", sagte sie beim

Betreten der Wache. „Hallo, was kann ich für sie tun, schöne Frau?", kam es von einem der Beamten. „Ich habe nur eine Frage. Kann es sein, dass es vor unserer Küste im letzten Mai ein Schiffsunglück gab, oder ein Boot vermisst wurde?" „Da muss ich nachsehen, warum fragen sie?", gab der Beamte zurück. Catlean berichtete von ihrer Vermutung, dass Lian vielleicht von einem Boot gestürzt sein könnte, oder einen Badeunfall hatte. Der Beamte schaute nach und sagte nur, „Nein, da haben wir nichts, was uns gemeldet wurde. In dieser Zeit war es in den Gewässern noch absolut still, die Sommergäste sind ja erst Ende Juni da und bis dahin passiert meist auch nicht viel." Sie verabschiedete sich noch und fuhr zum Krankenhaus.

Als sie das Office verlassen hatte, kam ein Kollege und meinte: „Da war doch das Flugzeug, das vermisst wurde. Könnte es sein, dass da ein Zusammenhang besteht?" Er sah ihn an, aber eher abweisend meinte er: „Die ist mit den Passagieren im Kanal, weit vor unserem Strand, versunken. Du glaubst doch nicht, dass es ein Mensch schafft, bei den Temperaturen im Monat Mai, bis zur Küste zu schwimmen?" „Stimmt, daran hatte ich nicht gedacht." Er war mit der plausiblen Aussage zufrieden und ging wieder an seinen Schreibtisch.

Catlean fuhr enttäuscht zum Krankenhaus, sie hätte Lian gern etwas Positives berichtet. Stevens Büro war wieder einmal übervoll mit Schreibarbeiten, aber heute kam sie nicht damit zurecht. Lian nicht helfen zu können, belastete auch sie mehr, als sie sich eingestehen wollte.

Die Tür ging auf und ein Kopf lugte hinein. „Oh, ich wollte eigentlich zu Steven, aber wenn er nicht da ist, kann ich dir vielleicht ein bisschen helfen?", sagte Lian, die es keineswegs überraschte, Catlean wieder einmal im Papierchaos wühlen zu sehen. „Ich würde jede Hilfe gern annehmen, aber leider darf ich dich hier nicht einbinden, da das Patientendaten sind und diese unterliegen der Schweigepflicht. Ich hoffe das verstehst du." „Schon ok, war ja nur eine Idee, meine Zeit, von der ich mehr als genug habe, sinnvoller zu füllen."

- *da war es wieder* - dachte Catlean und sagte: „Komm, ich lass den Kram hier liegen und wir beide gehen einen schönen Tee trinken." Lian hatte gar keine Chance, da einen Einwand entgegen zu bringen. Catlean warf den Mantel über, hakte Lian unter und zog sie mit.

Sie fuhren in die Stadt, nachdem Catlean einer Schwester beim Rausgehen Bescheid gegeben hatte, damit Steven sich nicht wundern sollte, wo die Frauen wieder stecken würden. Man sollte meinen, dass alle ihr Geld zu Weihnachten auf den Kopf gehauen haben, aber so voll wie die Geschäfte gerade waren, mussten wohl viele das Weihnachtsgeld erst noch unter die Leute bringen. „Lian, was hältst du davon, wenn wir diesen Laden mal unter die Lupe nehmen?", fragte Catlean und wies auf einen kleinen Weinladen. „Meinst du, ich sollte mein Wissen testen?", sah Lian sie fragend an, aber fand die Idee sehr gut und sagte: „Lass uns hinein gehen."

Sie betraten den kleinen Laden und waren umringt von Trauben. Hell, dunkel und alle möglichen Farben. „Ich wusste gar nicht, dass es so viele Traubensorten gibt." Und Lian antwortete: „Das kommt auf die Pigmente in der Schale an. Im Grunde sind sie alle gleich und man kann auch aus einer roten Traube, wobei es da unzählige Farbstufen gibt, einen Weißwein herstellen." „WOW", sagte Catlean etwas verblüfft, „Ich wollte dir zwar bei deinen Puzzleteilen helfen, aber wenn da jetzt jedes Mal ein Vortrag daraus wird, dann kann das anstrengend werden. Aber du scheinst etwas davon zu verstehen, das ist doch ein Anhaltspunkt." Sie machte eine kleine Pause und sprach dann weiter: „Vielleicht hast du das ja studiert und bist in einem der Jahrbücher zu finden." Es wurde ein schöner Nachmittag und Lian hatte wieder ein wenig Hoffnung geschöpft. Mit etwas Glück konnte sie vielleicht etwas über sich erfahren.

In den nächsten Tagen setzte sich Lian daran und schrieb die Universitäten an, die das Studienfach Weinbau im Angebot hatten. Sie legte ein Bild hinzu und hoffte, dass sie dadurch ihren Namen in Erfahrung bringen könnte.

~ * ~

Es war gerade wieder ein Tag in die Nacht übergegangen, als Alexander leicht die Augen öffnete. Er blickte auf eine Person an seinem Bett, wobei er nicht eindeutig erkennen konnte, wer es war. Er versuchte sich zu orientieren, denn alles um ihn herum, auch der Raum, indem er sich befand, wirkte verschwommen und fremd. Anna nahm das Glas mit Wasser vom Tisch neben seinem Bett, hob sein Köpfchen etwas an und sagte: „Trink einen kleinen Schluck." Das war doch Annas Stimme, seine Anna! Alexander wäre am liebsten aus dem Bett gesprungen. Er suchte nach ihrer Hand und nachdem sie das Glas wieder weggestellt hatte, nahm sie diese in die ihre. Er sagte: „Musste ich erst krank werden, um dich wieder zu sehen?" Behutsam nahm Anna die Bettdecke und deckte ihn gut zu. Dann strich sie ihm über die Stirn und sagte: „Manchmal geht das Leben ganz eigenwillige Wege. Wenn man sich für einen Augenblick verliert, ist das sehr schlimm. Aber solange das Band der Sehnsucht nicht reißt, bin ich überzeugt, wird der da oben", und sie zeigte mit dem Finger an die Zimmerdecke, „immer einen Weg finden, uns hier unten eine Brücke zu bauen." Alexander sagte nichts darauf. Er war nur froh, dass seine Anna wieder bei ihm war.

Er machte die Augen vor Erschöpfung zu und lauschte ihrer Stimme, als sie ihn in den Schlaf sang:

Schlafe, mein Prinzchen, schlaf ein,
lass Liebe ins Zimmer hinein.
Träume so friedlich und schön,
dass alle Sorgen vergehn,
du bist doch niemals allein,
der Mond mit silbernen Schein,
er schaut zum Fenster hinein,
Schlafe, mein Prinzchen, schlaf ein,
Schlaf ein, schlaf ein.

Als es seine Zeit erlaubte, fuhr Dr. Hansen im Schloss vorbei, um Graf Constantin über den Gesundheitszustand seines Enkels zu unterrichten und nach der Gräfin zu schauen. Sie vermisste den Buben, der ihr am Abend für einen kleinen Moment ihren eigenen Sohn ins Leben zurückholte. Man hatte ihr nicht erzählt, dass Alexander sehr krank war, das hätte sie in ihrem Zustand nicht verkraftet. Stattdessen teilte man ihr mit, dass Alexander ins Internat zurück musste.

Bei Constantin war man sich unklar, ob er wusste, wie ernst es um den Jungen stand. Ob er überhaupt begriffen hatte, was dieser gerade durchmachte. Er hatte ihn bisher kein einziges Mal im Krankenhaus besucht, als wäre er ihm egal. Aber wenn man ihn sah, als er von den Ergebnissen der Untersuchungen erfuhr, hatte man das Gefühl, als würde er mit dem Jungen leiden. Er tat es wohl auf seine Weise. Ein geschlagener alter Mann, der alles um sich herum verlor, für das er einst eingestanden und gekämpft hatte. Dr. Hansen dachte bei sich - *wie einsam kann ein Mensch noch werden, bis er begreift, dass kein Gut der Welt die Liebe zu einem Kind aufwiegen kann -*

Alexander ging es nach ein paar Tagen mit Anna, die allein

durch ihre Anwesenheit seine Lebensgeister in Schwung gebracht hatte, schon wieder viel besser, so dass Dr. Hansen mit der Chemotherapie beginnen konnte. „Es wird eine ganz lange Wanderung für dich mein Junge, aber wenn wir gemeinsam den Berg besteigen, dann werden wir das meistern." Er sah auf die Liege, auf der Anna tief und fest schlief: „und die Anna, die muss mit, ob sie will oder nicht. Damit sie fit genug ist, werden wir sie noch ein bisschen schlafen lassen. Ich schicke dir Olga, die kann dir ein wenig Gesellschaft leisten."

Es war eine hohe Dosis die Dr. Hansen Alexander verabreicht hatte und der Junge war erschöpft. Der Körper kämpfte innerlich gegen die weißen Plagegeister an und das war harte Arbeit. Anna, die sich ein wenig erholt hatte, übernahm wieder die Betreuung und beschwerte sich noch auf dem Flur bei Dr. Hansen: „Warum hat man mich nicht geweckt?" Worauf ihr der Doktor die Leviten las: „Anna, du nutzt dem Jungen gar nichts, wenn du dich neben ihn legst und genauso krank wirst. Also mach auch du ausreichend Pausen." Darauf schaute sie den Doktor verlegen an: „Sie haben wohl recht."

Als hätte er es geahnt, fügte er noch hinzu: „Du bist nicht schuld, dass der Junge hier liegt. Du bist die Letzte, die sich einen Vorwurf machen müsste oder etwas gut zu machen hätte." Sie nickte und sprach: „Ich glaube kaum, dass ich einen Jungen, den ich selbst auf diese Welt gebracht hätte, mehr lieben könnte, als diesen Buben." Daraufhin nahm Dr. Hansen sie in den Arm, da er merkte, dass sie Trost gebrauchen konnte.

Die Tür ging auf und Anna, die sich wieder gefangen hatte, trat ins Zimmer und setzte sich an Alexanders Bettchen. Sie dachte sich nur, - *was hast du nur in einem Jahr alles erleben müssen*-, legte ihm ein kaltes Tuch auf die Stirn und sah, wie er die Augen aufmachen wollte. Da nahm sie seine Wange zärtlich in die Hand und sagte: „Schlaf mein Junge, schlaf wieder ein, das wird dir gut tun." Sie selbst schaute noch eine ganze Weile aus dem Fenster und im Schein des Mondes, sah sie auf die Silhouette des Schlosses, das auf dem Hügel vor der Stadt lag.

~ * ~

Lian war enttäuscht, dass die ersten Rückantworten der Universitäten wieder kein Ergebnis brachten. Mit jedem weiteren Brief trübte sich ihre Stimmung erneut. Wieder diese Leere, die sich in ihr breitmachte. Steven hatte heute Morgen schon sehr früh das Haus verlassen. Die Patienten waren ihm sehr wichtig und auch heute hatte er einen vollen Terminplan. Lian machte sich fertig, setzte sich an den noch gedeckten Tisch und aß ein Toast mit Marmelade. Nach dem Frühstück ging sie in den Garten und atmete die frische Frühlingsluft ein. Es war Mai geworden. Die Tage wurden wärmer, die Blumen fingen an aus ihrem Schlaf zu erwachen und an den Bäumen sprossen die ersten Knospen. Die Natur war dabei, die Kraft, die in ihr steckte, zu zeigen. Nur Lian, die immer noch nicht wusste, warum sie das Leben an diesen Platz getrieben hatte, versuchte Tag ein Tag aus die Zeit zu füllen. Sie wollte nicht undankbar sein, da Steven sich alle Mühe gab sie glücklich zu machen. In den Minuten der Stille versuchte sie immer die Gedanken wegzuschieben, die sie traurig stimmten.

Sie waren vor ein paar Tagen in die Stadt gefahren und Steven hatte ein ganz besonderes Geschenk mit ihr besorgt. Morgen war der Tag, an dem sie ein ganzes Jahr an diesem Platz lebte, ohne die Zeit zurückdrehen zu können und ohne, dass sie die Vergangenheit eingeholt hätte. Lian konnte nicht sagen, ob etwas anders geworden war oder das sie die Alte geblieben ist. Sie wusste nur, da war eine große Leere im Inneren und füllte sich mit dem, was sie hier und jetzt erlebte.

Nachdem Lian im Garten das Aufgehen der Sonne beobachtet hatte, ging sie ins Haus, warf ihre Jacke über, nahm das Geschenk und machte sich auf den Weg. Sie hatte sich genau beschreiben lassen, wo sie lang musste. Etwa eine Stunde brauchte sie, bis sie ihr Ziel erreicht hatte.

Sie stand vor einem alten englischen, reetgedeckten Fachwerk-Cottage. Es hatte etwas Romantisches, auch der angelegte Garten davor ergab ein Bild der Idylle. Als sie an der Tür klopfte, machte ihr eine ältere Frau auf. Lian war etwas unbeholfen: „Ich weiß nicht, ob ich bei ihnen richtig bin, aber wohnen hier die Brien-Brüder?" Jetzt sah sie die Frau an und diese gab zur Antwort: „Ja, das sind meine Enkelkinder, was haben sie denn wieder angestellt?" „Sie haben nichts angestellt, im Gegenteil", und Lian hielt das Geschenk hoch, „ich wollte mich bei ihnen bedanken." Die alte Dame schaute Lian einen Moment lang ungläubig und prüfend an, „Die beiden haben doch den ganzen Tag nur Flausen im Kopf. Na, dann kommen sie mal rein, ich mach uns eine Tasse Tee, dabei können sie mir alles erzählen."
Lian betrat das Cottage und im Inneren wirkte dieses kleine Häuschen viel größer, als es von außen den Anschein hatte. In der Stube, die sie betraten, prasselte der Kamin und man fühlte sich wie auf einer Zeitreise. - *Uhrig klein und idyllisch romantisch* - dachte Lian, als sie sich umsah. Sie zog die Jacke aus und legte sie auf einen Stuhl, der an dem Tisch in der Mitte des Raumes stand. „Darf ich mich hier hersetzen?", fragte Lian und zeigte auf den anderen Stuhl. „Machen sie das, ich bin gleich so weit." Ein paar Minuten später schlurfte die alte Frau, ohne ihren eben noch getragenen Stock, an den

Tisch mit zwei Teetassen in der Hand. „Kann ich ihnen helfen?", fragte Lian. Die Frau überhörte die Frage einfach und setzte die Tassen auf dem Tisch ab, wobei sie eine davon zu Lian hinüber schob. Jetzt nahm sie ihr gegenüber Platz und sagte: „Dann erzählen sie mal, was meine zwei gemacht haben." Lian begann: „Vor etwa einem Jahr … und heute wollte ich mich bei den beiden bedanken." Die alte Frau hatte der Geschichte ganz gespannt zugehört. Sie hatten nebenbei ihre Tassen geleert und so fragte sie Lian, ob sie noch einen Tee nehmen würde. Lian schaute in ihre Tasse und bemerkte erst jetzt, dass sie leer war. Sie war so mit dem Erzählen beschäftigt, dass sie gar nicht bemerkte, dass sie den Tee nebenbei getrunken hatte. „Ja", sagte Lian, „aber ich kann ihnen helfen", und sprang auf. „Bleib sitzen mein Kind", sagte die Frau zu ihr und sie hatte etwas Mütterliches in ihrer Stimme. Lian setzte sich wieder auf den Stuhl und schaute der Frau zu, wie sie den Tee zubereitete. Nachdem sie an den Tisch zurückgeschlurft war, setzte sie sich zu Lian und diesmal übernahm sie das Wort, „Lian, mein Kind, so hat man dich doch genannt? Ich möchte dir auch etwas erzählen." Und so begann sie, Lian einen Einblick in ihre Geschichte zu geben. Wie schwer das Leben es mit einem treibt, wenn man weiß, wer man ist, dass sie die Jahre mit Sorgen verbracht hatte, um ihren Mann, ihre Kinder und jetzt um ihre Enkel. Die zwei Enkel waren alles, was ihr geblieben war. Und die Lausbuben hatten nichts Besseres zu tun, als es einer alten Frau noch auf die letzten Tage schwer zu machen. Was würde denn aus ihnen werden, wenn sie mal nicht mehr da sein würde? Lian sah, wie schwer es ihr fiel, darüber zu sprechen. Sie rückte auf den Stuhl neben der alten Frau auf und nahm sie seitlich in den Arm. Lange saßen sie einfach nur da. Irgendwann sagte die Frau: „Nimm das Leben so an, wie es für dich bestimmt ist. Es hat alles seinen Sinn, genau so wie man es erlebt. Das Warum wird dir vielleicht später einmal bewusst." Lian lauschte und nickte.

Es wurde nun Zeit den Rückweg anzutreten und so stand sie auf und nahm die Jacke zum Gehen. Sie hatte das Paket für die Jungen dagelassen und versprach wieder bei ihr vorbei zu schauen, als sie sich herzlich verabschiedeten und die alte Frau ihr nachsah, wie sie am Weg verschwand.

Steven kam nach Hause und hatte, wie er Lian in den letzten Tagen oft vorfand, erwartet, dass sie irgendwo still saß und ihren Gedanken nachhing. Doch er war verblüfft, im Hintergrund hörte er Eric Clapton singen und betrat ohne den Mantel abzulegen den Wohnraum des Hauses. Im Kamin war das Holz am Lodern und der Tisch war festlich gedeckt. Sein erster Gedanke war, dass Catlean wieder etwas gedreht hatte. Er liebte seine Schwester für diesen Elan, den sie mit Schwung immer unter die Menschen streute. Aber diesmal sollte er sich irren.

Lian kam um die Ecke und hatte den Rhythmus der Musik im Gang. Steven sah sie und meinte grinsend: „Ich habe gehört, hier wohnt eine Lian. Können sie mir sagen, wo ich die Dame finde?" Sie kam zu ihm und nahm ihm den Mantel ab, den er immer noch trug. Stellte seine Tasche in die Ecke, hauchte ihm einen Begrüßungskuss zu und ging mit ihm zum Tisch: „Darf ich zu Tisch bitten?" Steven setzte sich und sah, wie sie wieder in der Küchenzeile verschwand. Er war sichtlich angetan von seiner veränderten Lian. Sie bog wieder um die Ecke, deckte die Speisen ofenfrisch auf und setzte sich dann zu ihm. Er machte den Wein auf, den sie dafür ausgesucht hatte und sie probierte den ersten Schluck. „Ja, der ist genau richtig." „Willst du mir nicht verraten, womit ich das verdient habe?", fragte Steven und strahlte dabei freudig. „Mein lieber Steven, manchmal muss man einfach den Augenblick genießen, ohne zu fragen woher er kommt. Aber ich verrate dir was ich heute gemacht habe, dann kommst du von ganz allein darauf." Sie erzählte von ihrem Tag, von der alten Frau und ihrer Geschichte, dass sie an diesem Nachmittag mehr mitgenommen hatte, als sie geben konnte, und dass sie diese Frau, obwohl sie diese nicht kannte, in ihr Herz geschlossen hatte. Jetzt stand Steven auf und zog Lian von ihrem Stuhl, da er nicht anders mit seiner Rührung umgehen konnte. Er nahm sie in den Arm und sagte: "Wenn dich jemand, so wie bei uns, vom ersten Augenblick an verzaubert, dann muss es doch Schicksal sein. Ich bin diesem Schicksal unendlich dankbar, dass es dich zu mir gebracht hat." Nun zog er sie zu sich ran, neigte sich zu ihr und seine Lippen berührten zart die ihren.

~ * ~

Die letzten Wochen waren ein Auf und Ab. Mal tankte Alexander bei Spaziergängen mit Anna Kraft und dann verlor er sie während der Behandlung wieder. In seinem Zimmer sah es aus, als wäre eine Bombe eingeschlagen. Überall lagen Noten herum, die er von dem alten Klavierbauer der Stadt hatte.
Bei einem Spaziergang vor ein paar Wochen blieb Alexander auf einmal stehen und sagte: „Anna, hör doch mal!" Sie blieb ebenfalls stehen und hörte Klaviermusik aus einem Haus ertönen. Alexander setzte sich in Bewegung, so schnell, dass Anna hinter ihm her schnaubte: „Alexander, du sollst doch nicht rennen, das ist zu anstrengend!" Sie blieb neben ihm an dem Haus stehen und sie lauschten den Klängen. „Anna, ich habe dir doch aus dem Internat erzählt, wie dieses große Instrument mich beeindruckte. Das waren genau solche Töne, ist es nicht schön?" Anna schaute auf ihn runter und erwiderte: „Das ist ein Klavier, Alexander." Sie las das Schild,

das neben der Haustür hing, „Klavierbauer Martin Hubnagel",
und sagte zu Alexander: „Wir können ja einmal schellen und
fragen, ob er einen Moment für so einen neugierigen Jungen
wie dich Zeit hat." „Oh ja, Anna", und er sprang vor Freude,
so dass sie ihn erneut bremsen musste. Sie klingelte und ein
Mann mit grauen Schläfen mittleren Alters machte die Tür
auf. Mit einer etwas brummigen Stimme fragte er: „Wie kann
ich ihnen helfen?" Anna erklärte ihm Alexanders Anliegen.
Martin Hubnagel bat beide hinein und ging voraus in seine
Werkstatt. Hier zeigte er dem Jungen all seine Arbeit.
Alexander richtete aber seine Begeisterung auf das Stück, das
mitten im Raum stand. „Das habe ich gerade fertiggestellt und
musste es wegen des Klanges auch noch einmal spielen",
erklärte Herr Hubnagel.

Anna hatte es sich am Eck des Raumes auf einem Korbstuhl
gemütlich gemacht und war froh, mal zwei Minuten zu
entspannen. Die letzten Wochen hatten ihr viel Kraft
genommen und mit jedem Tag an dem sie sah, dass es
Alexander besser ging, war sie bemüht, ihm die Lebensfreude
zu erhalten, denn sie wusste, dass ihm auch wieder schwere
Tage bevorstanden. Es kostete viel Kraft, immer für ihn da zu
sein. Die Momente, so wie diese, nutzte sie dann, um sich ein
wenig Erholung zu gönnen.

„Soll ich dir etwas vorspielen?", fragte Martin Hubnagel.
Alexander nickte so heftig, dass sein Kinn fast auf der Brust
aufgeschlagen wäre. „Dann komm her und setz dich neben
mich auf die Bank." Das ließ sich Alexander nicht zweimal
sagen und sprang neben Herrn Hubnagel auf den Schemel vor
dem Klavier. Martin legte die Hände auf die Tasten und
begann diese zu drücken. Ein warmes Gefühl durchdrang
Alexanders Körper. Er spielte ein fröhliches Mozartstück,
genau richtig für so einen begeisterten kleinen Buben.
Alexander lauschte und saß ganz still neben dem Klavierbauer

und schloss sogar seine Augen dabei. Als Martin sein Vorspielen beendet hatte, rief Alexander aus tiefer Überzeugung: „Das möchte ich auch spielen lernen." Er schaute zu Anna und rief erneut: „Anna, das möchte ich lernen." Herr Hubnagel sah die Freude, die er dem kleinen Knaben gemacht hatte. Er bot sich an, ihn zu unterrichten. Anna erklärte Herrn Hubnagel, dass Alexander der Enkel vom Grafen Falkenberg sei. Sie erklärte ihm auch, dass dies erst mit dem Grafen abgestimmt werden müsste und sie ihm danach Bescheid geben würde. „Na, mein Junge, dann wirst du bestimmt einen richtigen Professor zum Lehrer bekommen. Da werde ich wohl nicht in Frage kommen. Aber wenn du ein Klavier brauchst, dann kann ich dir ja eins bauen." Anna nahm Herrn Hubnagel beim Ellenbogen, denn sie merkte die Enttäuschung: „Warten wir es mal ab, ich denke, da hat Alexander auch noch ein Wörtchen mitzureden", und zwinkerte ihm zu. Sie verabschiedeten sich und gingen zurück zum Krankenhaus; das war für diesen Tag genug Aufregung. Anna kämpfte auf dem Weg mit sich, denn sie wollte Alexander seinen Herzenswunsch erfüllen. Sie hatte gesehen, wie Alexander innerlich aufging, wenn er dieses Instrument vor Augen hatte. Eine Freude, die man nicht für möglich halten würde, wenn man bedachte, was er alles erlebt hatte. Er hatte etwas für sich gefunden, dass ihm sein kindliches Strahlen zurückbrachte. Aber ob sie das beim Herrn Grafen durchsetzen konnte, daran zweifelte sie jetzt schon. Sie nahm sich aber vor mit Dr. Hansen zu sprechen. Wenn jemand mit dem Grafen reden konnte, dann war er es.

~ * ~

Im Schloss saß ein gebrochener alter Mann vor dem schweren Schreibtisch des Arbeitszimmers. Er versuchte nach den

Geschäften zu schauen, aber die letzten Wochen lagen ihm so schwer auf der Seele, dass es ihm schwerfiel, sich auf das, was ihm immer am wichtigsten war, zu konzentrieren.

Elisabeth Gräfin von Falkenberg hatte man zu Grabe getragen, als der Schnee durch die Sonnenstrahlen schmolz. Sie hatte nicht mehr erfahren, wie schlimm es um ihren Enkel stand und auch Alexander hatte man nichts vom Heimgang der Großmutter erzählt. Sogar Dr. Hansen hatte dies befürwortet.

Es klopfte und Constantin schaute in Richtung Tür, als er „Herein" sagte. Dr. Hansen hatte sich auf den Weg gemacht und wollte für den kleinen Alexander ein gutes Wort einlegen. „Herr Graf", zog dabei den Mantel aus und warf ihn über den Stuhl, auf den er sich setzte.

Er berichtete von der ersten Chemophase, und dass es förderlich sei, dem Jungen eine Perspektive aufzuzeigen. Da auch der Unterricht nebenbei bewältigt werden sollte, um nicht zu viel zu verpassen, einigte man sich auf einen Privatlehrer. Constantin wollte versuchen Herrn Müller wieder zu gewinnen. Jetzt kam eher die schwierige Aktion. Anna und Alexander hatten ihn gebeten, mit dem Großvater zu sprechen. „Herr Graf, Alexander hat für sich ein Instrument entdeckt und würde dies gern erlernen. Es hat sich auch ein Lehrer dafür gefunden, der ihm dieses näher bringen würde." Er stoppte in seiner Ausführung, um das „Nein" zu bekommen, dass er jetzt erwartete. Auch Dr. Hansen kannte die Geschichte der Familie und wusste, dass es schon einmal einen Musiker in dieser Familie gegeben hat, den man immer wissentlich geheim gehalten hatte. Aufgrund dessen war er sichtlich überrascht, als er die Worte Constantins vernahm: „Wenn es dem Jungen dabei gut geht, dann soll er sich diese Freude gönnen."

Alexander konnte die Botschaft, die Dr. Hansen aus dem

Schloss mitbrachte, ebenfalls kaum glauben. Am nächsten Morgen machte sich Alexander mit Anna auf den Weg zum Klavierbauer und schon nach ein paar Tagen spielte Alexander die erste kleine Melodie. „Ich habe noch nie einen Jungen gesehen, der aus einem Instrument mit den einfachsten Tönen, die klangvollsten Stücke zaubert", sprach Herr Hubnagel zu Anna. Sie war bei den Unterrichtsstunden zwar nicht anwesend, aber sie brachte Alexander und holte ihn wieder ab. Der Junge konnte gar nicht genug bekommen. Er lernte die Noten so schnell wie kein Zweiter. Wenn er spielte, dann war es, als würde er in einer eigenen Welt verharren.

Auch Martin Hubnagel fing an, mit Alexander die schweren Zeiten zu ertragen, wie die guten zu genießen. Es gab Tage an denen nicht Alexander zu ihm, sondern er im Krankenhaus vorbei schaute. Er kam aber nicht nur wegen Alexander, er mochte auch die Anna. Da waren Momente, in denen sie an Alexanders Bett gemeinsam saßen und sich aus ihrem Leben erzählten.

Eines Abends hatte Martin Hubnagel den Mut gefasst und stand wartend vor dem Krankenhaus. Nein, er stand nicht, er lief nervös von einer zur anderen Seite des Eingangs. Alexander hatte wieder eine Chemophase überstanden und Martin wusste, dass Anna nicht mehr alle Abende an seinem Bett verweilte, da es ihm zusehends besser ging. Er wartete also, dass sie sich in ihr Schwesternzimmer im anderen Gebäude zurückziehen würde. Um ihr eine Freude zu machen, hatte Martin einen kleinen Blumenstrauß besorgt. Jetzt sprang die Tür auf und Anna stand erstaunt vor ihm: „Martin, was machst du denn hier draußen?" „Anna", und er hielt das kleine Sträußchen vor sich mit weit ausgestreckten Armen, „ich wollte diesmal nicht hochkommen, da ich dich fragen wollte, ob du mir die Freude machst, mal mit mir aus zu gehen." Jetzt wurden seine Wangen rot und Anna lächelte:

„Gern würde ich das tun." Wie ein Gentleman reichte er ihr den Strauß und brachte sie zur Tür des Wohnhauses. Er verabschiedete sich und konnte es kaum erwarten, Anna in den nächsten Tagen auszuführen.

~ * ~

Steven war begeistert von Lian, sie hatte positive Kraft geschöpft und sich verändert, seit sie die Großmutter ihrer beiden Lebensretter besucht hatte. Lian mochte diese mütterliche Frau. Sie war besser als jeder Psychologe, holte sie mit wenigen Sätzen aus ihrem Tief. Lian hatte es auch geschafft, der Frau ein herzliches Lachen zu entlocken.
Sie sprach mit den Lehrern der Kinder, machte mit ihnen am Nachmittag ab und zu Schulaufgaben. Wenn sie wieder Streiche ausgefressen hatten, dann versuchte sie ihnen in langen Gesprächen zu verdeutlichen, was vom Leben erwartet wird. Woher sie das alles nahm, war ihr fremd, aber dass sie hier eine Aufgabe hatte, die auch gern angenommen wurde, das spürte sie. Das einzige Problem war, dass die beiden Jungen Hummeln im Hintern hatten und schneller in eine neue Katastrophe schlitterten, als sie aus der vorangegangenen lernten.
„Manchmal habe ich das Gefühl, dass er mir den Engel gesendet hat, um den ich ihn bat", sagte die alte Frau und nahm Lian in den Arm.

Die Briefe der Universitäten kamen weiterhin mit Absagen, aber es bedrückte sie nicht mehr so, wie noch vor einigen Wochen. Sie hatte ihr Schicksal angenommen und erfreute sich an den Dingen, die sie sah und spürte. Immer wieder hatte sie das Gefühl, einen Teil in sich wach zu rufen, aber es war zu blass, um daraus einen Puzzlestein zu bauen.

Sie liebte Steven, das war ihre Zukunft, auch wenn sie nie heiraten würden, so fühlte sie, dass dieser Mensch und seine Familie sie so annahmen, wie sie vor ihnen stand. Niemand hatte ihr gegenüber Vorurteile und keiner erwartete von ihr, dass sie beweisen musste, wer sie ist oder was sie war. Hier durfte sie, sie selbst sein ohne Wenn und Aber.

„Catlean, was ist denn los?", sie hatte die Nummer auf dem Display gesehen, aber am anderen Ende meldete sich niemand. Noch einmal rief sie in den Hörer: „Catlean, so melde dich doch." Im Hintergrund hörte man Musik, aber auch das brachte sie nicht weiter. Noch einmal, und diesmal brüllte sie es in die Muschel des Telefons: „Catlean, so melde dich doch."
Wirr vor Angst nahm sie die Schlüssel vom Garderobenschrank im Flur und stieg in Stevens Auto. Wieder war es, als würde sie etwas tun, was sie schon immer gemacht hatte. Sie steuerte das Auto, das bisher nur Steven gefahren war, aus der Einfahrt und zehn Minuten später parkte sie es vor Catleans Haus. Sie sprang heraus und lief den kleinen Treppenweg nach oben zur Terrasse, da sie dort Stimmen vernahm.
Sie wusste jetzt nicht, ob sie lachen oder schreien sollte. Catlean hing wie ein Schluck Wasser an der Wäschestange und hatte mit Schokopudding eine Kriegsbemalung verpasst bekommen. Das Federband, das sie im Haar trug, wirbelte in alle Richtungen und die beiden Kleinen liefen um sie herum und trällerten die schönsten Indianerlieder.
„Gut, dass ich noch rechtzeitig komme, um dich zu befreien. Die Beiden hätten dich sonst noch skalpiert", lachte Lian herzhaft und band Catlean los.
„Schade - komm Boot spielen", sagte der Größere, drehte sich von den Frauen ab und lief in den Garten. Der Kleinere

schaute, was sein Bruder macht und dackelte hinterher. Lian sah Catlean an, die sich gerade etwas zurechtrückte: „Wo gehen die beiden hin? Soll ich ihnen nach?" „Nein", kam es von Catlean, „Robert hat ihnen am Ende des Gartens ein altes Fischerboot hingestellt, das sollte ungefährlich sein. Aber kannst du mir mal verraten, was du im Pyjama und mit Hauspantoffeln auf meiner Terrasse machst?"

Lian schaute an sich herunter und sagte halb in einem Lachanfall: „Ich dachte, es sei Eile geboten." Nachdem sich beide etwas gefangen hatten, erklärte Lian, warum sie überhaupt hier war. Catlean meinte nur, dass sie das Handy noch schnell abgelegt hatte und wohl aus Versehen auf die Schnellwahltaste gekommen sei. „Aber wenn du schon mal da bist, dann kannst du auch mit mir zusammen eine Tasse Tee trinken." Auf dem Weg zur Küche fragte Catlean so ganz nebenbei: „Wie bist du überhaupt so schnell hierhergekommen?" Lian ging zum Fenster und sagte: „Schau mal!" Draußen stand Stevens Auto, zwar etwas wild geparkt, aber es stand da. „Warum wundert mich das jetzt nicht", sagte Catlean und stupste ihre Freundin an, wobei wieder beide in ein Lachen verfielen.

~ * ~

Alexander machte in jeder Richtung Fortschritte. Dr. Hansen war sehr zufrieden mit seinen Werten.

Anna war von Constantin wieder als private Kinderfrau eingestellt worden. Wie Dr. Hansen das bewerkstelligt hatte, sollte ein Geheimnis zwischen den beiden Männern bleiben. Auf jeden Fall war sie nach diesen langen und bangen Monaten eine Frau, die wieder lachen konnte, die sich ausführen ließ und die den Jungen ihres Herzens an ihrer Seite hatte.

Alexander war ein strahlendes Kind, wenn er vor dem Klavier

saß und die Musik regelrecht inhalierte. Auch dort hatte sich der Großvater breit schlagen lassen, da er merkte, dass es seinem Enkel ersichtlich besser ging und es den positiven Verlauf der Krankheit vorantrieb. Er hatte einen Privatlehrer bekommen und der wurde von niemand anderem ausgesucht, als von Herrn Hubnagel persönlich. Da die Stunden immer noch in seiner Werkstatt stattfanden, denn man konnte ja das Klavier nicht ins Krankenhaus stellen, beobachtete er genau, welche Fortschritte Alexander machte. „Das wird mal ein ganz Großer", sagte er, als Alexander ein Stück spielte und er bekam nur ein „Pssst" vom Klavierlehrer zurück.

Anna erschrak, als sie Graf Constantin von Falkenberg sah. Er war alt geworden und das Leben stand ihm im Gesicht geschrieben. Sie war ihm bisher aus dem Weg gegangen und Dr. Hansen hatte alles für sie erledigt, was dazu führen könnte, dass sie sich begegnen würden. Auch Alexander war an den Tagen in denen er keine Therapie bekam im Krankenhaus geblieben und ging nur mal zu Besuch mit zum Großvater. Er erfuhr auch, dass die Großmutter sich von dieser Welt verabschiedet hatte.

„Anna bitte setzen sie sich." Sie nahm wieder einmal an dem großen Schreibtisch Platz, der wohl der Einzige war, der sich weder bewegt, noch sein Aussehen verändert hatte. „Dr. Hansen hat mir das ein oder andere Mal derb den Kopf gewaschen", begann er und Anna lauschte: „ich habe Fehler gemacht und die möchte ich ein wenig korrigieren, gerade mit Blick auf den Jungen." Er holte einmal tief Luft und Anna merkte, dass diese Beichte, zumindest hörte es sich so an, mit das Schwerste im Leben des Grafen war. „Anna", begann er erneut und lief dabei im Raum umher, „ich weiß, dass ich mein Haus bestellen muss, dass ich für die Zukunft des Jungen Sorge tragen muss. Es wird ihm an nichts fehlen, dafür ist gesorgt. Er wird eines Tages dieses Gut sein eigen nennen und vielleicht in der Tradition seiner Vorfahren weiter fortführen. Aber wenn es sein Wunsch ist, etwas anderes zu machen, dann hoffe ich, dass er in ihnen die Vertraute findet, die ihn auf seinem Weg begleitet." Anna wusste nicht, was sie sagen sollte, sie saß am Tisch und sortierte für sich die Worte des Grafen. „Herr Graf", sagte sie, nachdem sie sich wieder gefangen hatte, „ich habe es damals seiner Mutter versprochen, aber leider konnte ich das Versprechen wegen der Umstände nicht einlösen. Aber ich kann es nur wiederholen, wenn mir die Möglichkeit gegeben wird, dann werde ich für Alexander da sein, wie ich es für mein eigenes Kind wäre." Der Graf nickte und sagte: „Das ist gut Anna, das ist gut."

Sie wollte sich schon zum Gehen erheben, als der Graf sein Wort wieder an sie richtete: „Anna, ich habe noch eine Bitte. Der Junge hat ja in ein paar Tagen seinen Geburtstag. Meinen sie, sie schaffen es auf dem Schloss eine, wie nennt man das heute", und er schnippte einmal mit den Fingern, „eine Fete zu organisieren, ohne dass er das mitbekommt?" Jetzt wäre sie beinahe vom Stuhl gefallen. „Felix und Hermine werden ihnen dabei helfen und es wäre auch schön, wenn sie ihr Zimmer wieder im Schloss beziehen, wenn der Junge nicht im Krankenhaus sein muss."

So geschah es, dass sie in den nächsten Tagen mit Sack und Pack umzog und auch Alexander ins Schloss heimkehrte. Er war gerade wieder durch eine Behandlungsphase gegangen und noch ein wenig schwach. Felix und Hermine waren bemüht, es dem kleinen Grafen so schön und angenehm wie nur möglich zu machen.
Er lief die Treppe hinunter und vor der Tür des Arbeitszimmers blieb er einen Moment stehen. Er klopfte an

und aus dem Innenraum hörte er den Großvater „Herein"
rufen. Ganz langsam wurde die große Tür aufgestoßen und
jetzt sah Constantin seinen Enkel. „Alexander", und er ging
um den großen Schreibtisch auf den Jungen zu. Man hätte nie
vermutet, dass ein Herr Graf Constantin von Falkenberg
überhaupt dazu fähig gewesen wäre, aber er nahm den Jungen
in den Arm. Es dauerte einen Moment bis Constantin
Alexander frei gab und dieser schaute seinen Großvater mit
großen Augen an. Sogar der Knabe bemerkte welche
Veränderung mit dem alten Mann vor sich gegangen war.
„Großvater, du weinst ja." Alexander hatte das erste Mal das
Gefühl, das er dem Großvater ganz nah war. „Ich habe da nur
was ins Auge bekommen", brummte der. „Was kann ich denn
für dich tun?", fragte er jetzt und ging wieder zu seinem
Schreibtisch. Alexander hatte ein bisschen Angst, dass dieser
schöne Moment zu Ende sei und traute sich kaum eine Frage
zu stellen. „Großvater, ich habe ja bald Geburtstag", begann
er, „darf ich mir etwas wünschen?" Der Großvater drehte sich
um und sagte: „Nur heraus damit." Seinen Herzenswunsch,
ein eigenes Klavier zu haben, um das er den Großvater bitten
wollte, brachte er nicht über die Lippen. Der Großvater sah,
wie der Junge zögerte und sagte: „Du musst mir schon sagen,
was du dir wünscht." Alexander kam auf ihn zu und legte
seine kleine Hand in die des Großvaters. „Wenn du ein
bisschen Zeit hast, würdest du dann mit mir ausreiten?"
Constantin sah ihn an und sagte: „Auch wenn ich kaum noch
meine Knochen auf das Ross bekomme, aber diesen Wunsch
erfülle ich dir sehr gern."
Alexander war noch lange mit diesem Gespräch beschäftigt,
denn er hatte sein Anliegen nicht vorgebracht, aber die Freude
seinen Großvater so nah zu haben, das musste auch er erst
einmal verarbeiten.
Constantin lies nicht nur einmal die Pferde satteln und

Alexander war glücklich, wenn er mit seinem Großvater über die Felder ritt.

Anna konnte es kaum glauben, dass sie das noch erleben durfte. Alexander strahlte wieder. Mit jedem Blick, den er gab, sah man, dass er es geschafft hatte, die schlimmsten Momente seines Lebens hinter sich zu lassen. Sie hatte Spaß dabei für Alexander das schönste Fest, das es im ganzen Umkreis geben würde, zu organisieren.

Am Morgen war es noch still im Schloss. Nur Hermine war schon dabei, die Köchin und das Personal einzuweisen. Ganz leise, damit der kleine Herr Graf nicht geweckt wurde an seinem großen Tag. Das Frühstück war vorbereitet und man wartete nur, dass sich alle im großen Speisesaal versammelten. Anna kam mit Alexander die Treppe herunter. Das war das Stichwort für Felix, dem Großvater und Hermine Bescheid zu geben. Es wurde ein ausgiebiges Frühstück, denn es würde ein langer Tag werden. Dr. Hansen hatte Alexander noch einmal untersucht und keine Einwände, dass er das nicht verkraften würde. Er hatte sich prächtig erholt und den Rest schafft er jetzt mit diesen Voraussetzungen spielend. Auch er freute sich über die Veränderungen, die sich im Schloss zutrugen. Für ihn war es sogar ein Wunder.

Am Nachmittag trudelten die Gäste ein und Alexander fiel fast vom Glauben ab, wer an diesem Tag alles geladen war. Seine ganzen Freunde aus der alten Schule, Paule, Hans und sogar Fritz kamen vorbei. Ebenso Herr Hubnagel, Dr. Hansen mit seiner Frau und Dr. Müller. Alle strömten in den Speisesaal, mit der festlich gedeckten Tafel, aus allerlei bunten Kuchensorten.

Alexander wurde überschüttet mit kleinen Geschenken und wusste nicht so recht, mit wem er sich als Erstes unterhalten sollte. Da stand der Großvater neben ihm und fragte: „Gefällt es dir mein Junge?" Alexander blickte in die großen Augen, mit den buschigen Augenbraun seines Großvaters und antwortete: „Ja, Großvater, das ist das schönste Fest, das ich je hatte." Der Großvater lächelte und hielt ihm die Hand hin: „Dann komm mal mit."

Die den Grafen kannten, wussten, dass er nun wieder zu der Ahnengalerie stiefeln würde und Dr. Hansen sagte zu seiner Frau: „Das tut er dem Jungen jetzt nicht an."

Alexander gab seinem Großvater die Hand und ging mit ihm hinaus über den Flur. Aber zum Erstaunen der Gäste, die ihnen folgten, blieben sie nicht an der Ahnengalerie stehen, sondern gingen schnurstracks auf die Bibliothek zu.

Alexander öffnete die Tür und schrie fast vor Glück: „Großvater, ist das meins?", und er blickte ihn an. „Ja, ich kann doch nicht zulassen, dass ein solch begabter Junge kein eigenes Instrument hat. Ich habe Herrn Hubnagel gebeten, dir das schönste Klavier zu bauen."

Alexander setzte sich ans Klavier und spielte einfach los. Er vergaß die ganze Gesellschaft um sich herum und war nur noch mit seinem Klavier allein im Raum.

Die Melodie, die er spielte, verzauberte die Gäste, da er seine ganze Leidenschaft für die Musik hineinlegte. Als er geendet hatte, waren alle voller Lob. Er ging zum Großvater und sagte zu ihm: „Großvater, du bist der liebste auf der Welt." Dieser war ganz verlegen und sagte nur: „Papperlapapp, jetzt kümmere dich um deine Gäste", und zog sich zurück.

Als alle Gäste das Schloss wieder verlassen hatten und Alexander von Anna ins Bett gebracht wurde, da sagte der kleine Junge zu ihr: „Wäre es schön, wenn jetzt Mama und Papa da wären und das alles miterleben könnten." Anna war gerührt: „Allein, dass du in solchen Momenten an die Liebsten, die in deinem Herzen wohnen, denkst, lässt sie daran teilhaben." Er schaute sie an und sagte: „Anna, singst du mir ihr Lied?" Anna nickte und man sah eine Träne glitzern als sie sang:

Schlafe, mein Prinzchen, schlaf ein,
es ruhn Schäfchen und Vögelein.
Garten und Wiese verstummt,
auch nicht ein Bienchen mehr summt.
Luna mit silbernem Schein
gucket zum Fenster herein.
Schlafe beim silbernen Schein.
Schlafe, mein Prinzchen, schlaf ein.

Während sie sang, schloss er die Augen. Sie deckte ihn noch zu, gab ihm einen Kuss auf die Stirn und verließ ganz leise das Zimmer.

Draußen stand Martin und wartete bereits auf seine Anna. Sie waren sich in den letzten Monaten nähergekommen. An diesem Abend gingen sie noch lange spazieren und Martin hätte Anna am liebsten alle Sterne vom Himmel geholt, aber er wusste auch, den kostbarsten Stern behütete sie schon.

~ * ~

Ein paar Jahre waren ins Land gezogen und Lian glaubte nicht mehr daran, dass sie je wissen würde, woher sie kam. Steven versuchte immer einen kleinen Witz zu machen und lächelte sie an: „Schatz, du bist direkt aus den Wolken zu mir herabgefallen." Er konnte ja nicht ahnen wie Recht er damit hatte.

Sie war auch ohne Trauschein die Frau an Dr. Wellingtons Seite geworden. Bei Partys sprach man schon lange nicht mehr über sie, da gab es wichtigeres. In dem kleinen Ort kannte sie fast jeder und man hatte Respekt, dass sie trotz ihrer Geschichte eine selbstbewusste, fröhliche Frau war.

Als sie die kleine Weinhandlung betrat wurde sie von dem Betreiber freundlich begrüßt, „Frau Wellington, schön sie zu sehen, ich freue mich immer ihnen meine schönsten Stücke zu präsentieren. Heute habe ich einen ganz besonderen Tropfen." Nachdem Lian ihn auch begrüßt hatte, ging er in sein Kämmerchen neben dem Laden und holte eine Flasche des edlen Tropfens. Er stellte eine Kerze auf den Tisch, zündete sie an und befreite die Flasche von der Weinkapsel, setzte den Korkenzieher an und drehte ihn in gleichmäßigen Bewegungen hinein. „Ich könnte ihnen stundenlang zusehen, ich bin gern bei ihnen. Es ist etwas Besonderes Weine zu kosten und sich an ihren Aromen zu erfreuen."

„Danke für das Lob, Frau Wellington, sie sind aber auch eine besondere Kundin. Die meisten kommen nur herein, wollen einen Wein für den Abend und wissen gar nicht zu schätzen, was für einen edlen Tropfen sie da in sich hinein kippen. Sie wissen genau, was ich ihnen anbiete und sie schätzen es, das habe ich sofort erkannt." Er goss den ersten Schluck in die Karaffe und wirbelte den Wein ein paar Mal herum, um ihn dann in sein Glas zu geben. Nachdem er ihn probiert hatte, war er sich sicher, dass die Qualität stimmte. Jetzt goss er, etwa dreiviertel, aus der Flasche in die Karaffe und lies ihn einen Moment ruhen, bevor er einen Schluck in Lians Glas schenkte. Sie nahm das Glas am langen Stiel, um den Wein in seiner Temperatur nicht zu beeinflussen. Lian schaute sich die Farbe und die Klarheit des Weines im Glas an, schwenkte ihn ein wenig und senkte die Nase über den Rand. Dann nippte sie einen kleinen Schluck und lies ihn mit dem ganzen Aroma auf der Zunge zergehen. „Was für ein Tropfen", kam es jetzt begeistert von Lian, „Sie haben mir noch nie so etwas Edles gezeigt, haben sie die vor mir versteckt?" „Nein, den habe ich selbst erst vor kurzem bei einem Einkauf entdeckt und konnte nicht widerstehen, mir ein paar Flaschen zu gönnen." Jetzt gab er die Flasche preis und zeigte ihr das auf dem Etikett stehende Anbaugebiet. „Es ist ein Eiswein aus dem Hause Falkenberg. Er wurde vor Jahren ausgezeichnet und gilt als einer der edelsten Tropfen, der gerade auf dem Markt erhältlich ist." Sie stutzte einen Moment: „Irgendwie habe ich das Gefühl, den Namen schon einmal gehört zu haben." „Na bei den Weinkenntnissen, die sie haben, haben sie dieses Weingut bestimmt schon mal in ihrer Verkostung dabei gehabt." Sie nickte zustimmend und konzentrierte sich auf ihr Glas, denn diesen Wein musste man genießen.

Währenddessen kam Steven zur Tür herein, da Lian ihn gebeten hatte, kurz im Weinlädchen vorbei zu schauen. Er lächelte, ging zu Lian und gab ihr einen Schmatz. Dann rief er ein fröhliches „Hallo" zum Besitzer, der gerade den Kunden bediente, der mit Steven zusammen hereingekommen war. Anschließend bekam auch er ein frisches Glas und einen Schluck des edlen Tropfens. „Schatz, sei mir nicht bös", sagte er in Lians Richtung, während er das Gesicht verzog, „der ist aber süß" Lian schmunzelte, sie wusste, dass er jetzt lieber ein Ale trinken würde. Steven machte es aber wett und war sich mit dem Betreiber schnell einig über die Lieferung des Weines. Sie nahmen ein paar Flaschen davon, für die eigenen Weinregale im Haus, die Lian nach und nach mit geschmackvollen Tropfen füllte. Er wusste, dass er ihr damit eine viel größere Freude machen konnte, als mit einem Ring. Bei der nächsten Gelegenheit würde sie den Tropfen teilen und es erfüllte sie, wenn sie andere an ihrem Glück teilhaben lassen konnte.

~ * ~

Auch auf Schloss Falkenberg hatte sich in den letzten Jahren einiges verändert. Alexander war nur noch an den Wochenenden zu Hause, da er auf ein Internat ging, aber diesmal freiwillig. Er hatte es sich selbst mit Hilfe von Herrn Hubnagel ausgesucht. Sein Blutbild war wieder im Normalbereich und er musste nur noch alle paar Monate zu den regelmäßigen Kontrolluntersuchungen.

Der Großvater war mit allem einverstanden, was für den Buben förderlich war. Er hatte in den letzten Jahren mehr begriffen, als in seinem ganzen Leben zuvor. Trotz seines hohen Alters ging er mit dem Jungen reiten. Freute sich, wenn er in seinem Sessel saß und Alexander ihm in der Bibliothek auf dem Klavier vorspielte.

Eines Tages ging er mit Alexander zur Ahnengalerie und zeigte ihm nur ein einziges Bild. „Das ist mein Onkel und er war genauso begabt wie du. Er war ein großer Pianist, aber keiner hatte ihn verstanden, auch ich nicht. Ich hoffe, dass es dich glücklich macht. Wenn du diesen Weg gehen möchtest, dann soll es so sein." Er strich dem Jungen über den Kopf, der mittlerweile um einiges gewachsen war und man ihn nicht mehr auf den Arm nehmen konnte. Alexander sah seinen Großvater an und sagte: „Ich wünsche mir manchmal, dass meine Eltern mich sehen könnten. Aber ich habe dich und ich habe dich lieb." Der Großvater sagte nichts mehr und lies Alexander stehen, denn er wollte nicht, dass der Junge sah, wie ihm das Tränenwasser in die Augen trat. Er selbst war sehr hart erzogen worden. Er hatte immer mit auf den Weg bekommen, dass es das Wichtigste im Leben sei, dass man Frau und Kind ernähren könnte. Er war immer ein recht schaffender Mann, der alles im Griff hatte und fast hätte er bis zum Schluss verpasst, dass das Leben auch noch andere Facetten zu bieten hat. Dieser kleine Junge mit seiner Leidenschaft für ein Instrument zeigte ihm, wie das Leben funktionierte. Er konnte es sich selbst nicht verzeihen, dass er das fast zerstört hätte.

Anna kam an den Wochenenden ins Schloss, an denen

Alexander nach Hause kam, um für ihn da zu sein. Sie war weiter in der Anstellung als Kinderfrau und arbeitete nebenbei im Krankenhaus auf der Kinderstation. Privat hatte sich einiges für sie verändert. Martin gab nicht auf und irgendwann gab Anna nach und machte ihn zum glücklichsten Mann der ganzen Stadt. Sie sagte „Ja" auf seine Frage, ob sie seine Frau werden wollte. Klar hatte er sogar vorher Alexander nach seiner Meinung gefragt, ob er der Richtige für seine Anna wäre. Dieser hätte sich keinen besseren für seine Anna wünschen können und so wurde ein rauschendes Fest mit allen Freunden gefeiert. Da Anna keine Familie hatte, brachte sie kein Geringerer als Dr. Hansen vor den Traualtar und übergab sie mit den Worten, „Mach sie ja glücklich, sonst bekommst du es mit mir zu tun", an Martin. Es war eine schöne Feier und als die Orgel erklang wusste jeder, der sich in der Kirche befand, dass Alexander nur für seine Anna spielte. Das Paar schaute sich an und Martin sagte: „Ob wir auch noch so einen kleinen Buben haben werden?" Anna antwortete: „Das überlassen wir dem Schicksal und genießen den Augenblick." Er beugte sich zu ihr herüber und hauchte ihr einen Kuss zu.

~ * ~

Alexander war zum Vorspielen geladen worden und hatte die Aussicht auf ein Stipendium in einer englischen Musikakademie. Er übte Tag und Nacht und bekam auch von seinen Internatslehrern alle Unterstützung. Der Rektor war stolz, dass er so einen begabten Jungen auf der Schule hatte, der sein Instrument mehr als nur spielte und er sagte ihm eine große Zukunft voraus. Er malte sich jetzt schon die Werbung aus, die mit Alexander von Falkenberg als Zugpferd sein Internat füllen würde.

Es war ein großer Abend für den Jugendlichen, der für seine Zukunft die Weichen stellen würde und er war aufgeregter als bei jedem anderen Vorspielen zuvor. Viele waren gekommen, um bei ihm zu sein. Die Stuhlreihen waren fast bis auf den letzten Platz besetzt und alle waren voller Hoffnung, dass ihre Schützlinge es schaffen würden, hier die Besten zu sein. Es war ein bunt gemischtes Konzert. Eine Orchesterbegleitung stand ihnen zur Verfügung und bei einigen Schülern kam diese auch zum Einsatz.

„Als Nächstes darf ich ihnen Alexander von Falkenberg ankündigen, er spielt am Klavier", ertönte es von der Dame am Mikrophon. Alexander kam von der Seite auf die Bühne, legte seine Noten ab und verbeugte sich vor dem Publikum. Er ging zur Tastaturseite des Klaviers und nahm auf dem Schemel davor Platz. Legte ganz langsam die Hände auf die Tasten und fing an zu spielen. Im Saal war es so still, dass man getragen von den Tönen, die umherwirbelnde Luft spüren konnte. Er bewegte diesen Saal, er bewegte die Gäste, nein, er verzauberte sie. Viele hatten sogar die Augen geschlossen und konzentrierten sich nur noch auf sein Spiel, das so leicht klang, als würde eine Feder umherschwirren und sie alle berühren. Als er geendet hatte, standen sie einer nach dem anderen auf und applaudierten. Er hatte es geschafft, einen ganzen Saal für sich zu gewinnen und für die Jury gab es nur ein eindeutiges Ergebnis. Hier stand ein Meister seines Instruments.

Er hatte überzeugt und das Stipendium erhalten. Die letzten Wochen vor der großen weiten Reise verbrachte er bei seinem Großvater auf dem Gut. Er hatte neben seinem Pony, auch ein Pferd bekommen und ritt wie früher mit dem Grafen durch die Weinberge.

Dem Grafen fiel es mit jedem Tag schwerer, dass der Tag

kommen wird, an dem er seinen Enkel ziehen lassen musste. Für die Weinberge war gesorgt. Der Verwalter machte einen guten Job und führte das Gut nach bestem Gewissen. Da brauchte auch Alexander keine Sorge zu haben, dass er eines Tages alles beenden müsse. Als sie wieder einmal zu Pferd unterwegs waren, gab ihm sein Großvater ein paar Worte mit auf seinen Weg: „Mach das, was du kannst und lebe dein Leben. Ich habe mein ganzes Leben für diesen Wein gelebt und das, was mir am liebsten war darüber vergessen. Manchmal wünschte ich mir meinen Sohn und meine Frau zurück, um ihnen zu sagen, wie falsch ich lag." Jetzt war es Alexander, der dem Großvater seine Hand auf die Schulter legte und meinte: „Komm, Großvater, lass uns nach Hause reiten."

Es war ein fröhliches Ein- und Ausgehen. Da alle sich noch von Alexander verabschieden wollten und ihm alles Gute für seine Zukunft wünschten. Dr. Hansen hatte ihm seine Unterlagen zusammengestellt, denn auch an seiner neuen Wirkungsstätte musste er regelmäßig zu den Kontrolluntersuchungen gehen. Anna hätte den lieben langen Tag heulen können und auch Martin lief mit einer Trauermine durch das Gebäude. Nicht nur Anna liebte ihn, auch Martin hatte diesen Jungen in sein Herz geschlossen, als wäre er sein eigenes Kind. „Du wirst uns bald vergessen haben und in der großen weiten Welt alle beeindrucken. Wir können dich dann bestimmt mal im Fernsehen bewundern." Er lachte, aber danach war ihm nicht zumute. Anna trat heran und nahm Alexander in den Arm: „Mein Junge, mach mir keinen Kummer. Wenn du es nicht mehr aushältst, dann hole ich dich persönlich da weg." Und jetzt liefen ihr die Tränen über die Wangen. Sie wollte es Alexander nicht schwerer machen, als es sowieso schon war. „Anna, Martin, wenn ihr könnt, dann kommt mich so oft es möglich ist, besuchen." Graf Constantin meldete sich zu Wort: „Ich werde sie dir schon ab und an schicken. Denn sonst machst du doch nur Dummheiten und keiner passt auf dich auf." Alexander ging die Treppe noch einmal hinauf, von wo der Großvater eben gesprochen hatte und nahm ihn einmal ganz fest in den Arm. Ohne ein weiteres Wort ging er jetzt zum Wagen, den Ferdinand vorgefahren hatte und stieg ein.

Anna schaute hinterher und erinnerte sich, wie sie schon zweimal bei diesem Blick, dem Schicksal nicht entrinnen konnte.

~ * ~

Lian hatte in der Zwischenzeit die Führerscheinprüfung gemacht. Mit dem Namen war es etwas schwierig. Sie hatte übergangsweise überall eine Art Ersatzpapiere erhalten und immer in solchen Momenten, wurde sie an ihr Schicksal erinnert. Durch die Polizei war sie als vermisste Person bekannt. Jede Dienststelle in England kannte ihre Geschichte, aber nirgends ein Hinweis, der auf sie passen würde. Das konnte es doch nicht geben, das ein Mensch lebt, aber niemand ihn kennt. Sie bekam immer nur aufmunternde Worte, aber das brachte sie keinen Schritt weiter. Wahrscheinlich würde sie nie erfahren, wie sie an diesen Strand gekommen war.

Mittlerweile sind es Jahre, die vergangen waren. Wenn sie doch bisher niemand gesucht hat, warum sollte jetzt jemand damit anfangen. Daher hatten Steven und sie ihr Leben darauf eingerichtet, indem sie ihre Liebe genossen und weniger nach der Vergangenheit suchten. Freunde besuchten, Familienfeste feierten und alles was ein normales Ehepaar im Leben macht, um glücklich zu sein. Lian war eine ausgezeichnete Gastgeberin und auch die Wellingtons, wie man sie nannte, waren immer gern gesehen, wenn irgendwo ein Empfang im Raume stand.

„Lian, bist du immer noch nicht fertig?", rief Steven ins Bad und grummelte, „Frauen." „Ich komme ja schon." „Holla", rief er, „da hat sich das Warten ja gelohnt. Ich glaube wir sollten heute Abend absagen, ich möchte meine Schöne mit niemandem teilen." Sie schaute ihn an und im selben Augenblick hatte er sie schon gegriffen und küsste sie. Im Hintergrund hörte man das Taxi hupen.

Freunde hatten zu einer Party eingeladen. Da sie etwas trinken wollten, fuhren sie heute Abend nicht selbst.

Als sie im Taxi saßen und die Adresse angegeben hatten, fuhr das Auto los. Es war noch nicht um die Ecke gebogen, als Stevens Handy ging. „Schatz, jetzt nicht, nicht die Arbeit." Sie wusste, dass wenn es dringend war, der Abend zu Ende ging, bevor er begonnen hatte. Aber sie hatte auch Verständnis dafür. Steven war als Arzt unschlagbar und das beste Beispiel dafür war sie selbst. Er schaute auf das Display und sagte: „Das ist nur Robert", ging ran und sprach, „was gibt's alter Junge, sehen wir uns nicht gleich?" „Nein, wir werden nicht kommen. Catlean geht es nicht so gut, ich denke wir bleiben besser zu Haus." Steven legte auf und erklärte Lian: „Sie lassen sich entschuldigen, aber Catlean ist unpässlich." Lian sagte nichts weiter, fand es aber sehr schade, da sie sich auf ihre Freundin gefreut hatte. Es war spät geworden, als sie das Haus wieder betraten und mit einem leichten Schwips, wie zwei Teenies ins Bett hüpften.

Am nächsten Morgen machte sich Katerstimmung breit. Von der schönen Frau von gestern war lediglich noch ein Wildfang mit zerzausten Haaren übrig geblieben. Bevor Lian unter die Dusche hüpfte, musste erst noch eine Kopfschmerztablette her. „Gibst du mir auch eine?", fragte Steven mit einem zerknautschten Gesichtsausdruck, als er Lian mit der Tablettenpackung sah. Die durchzechte Nacht und der Kater standen beiden ins Gesicht geschrieben.

Das Frühstücksprogramm dauerte heute länger als sonst, da die Bewegungen ganz langsam von statten gingen, um nicht unnötig den Kopf zu bewegen. Der Magen war auch leicht lädiert, aber was nimmt man nicht alles in Kauf, wenn man in guter Gesellschaft ist. Nach dem Frühstück hatten sie es sich auf der Couchecke gemütlich gemacht. Steven las die Morgenzeitung und steckte mit dem Kopf mitten darin. Er war so mit den Artikeln beschäftigt, dass er das auch laut mit sich ausdiskutierte. Lian war in ein Buch vertieft und lies sich dabei auch durch seine Bemerkungen nicht stören. Sie wollten den Tag in aller Ruhe genießen, um dem Kater ein Schnippchen zu schlagen.

Es klingelte an der Tür und Lian war bereits aufgesprungen. „Robert komm doch herein." Auf dem Weg ins Wohnzimmer fragte sie: „Wie geht es Catlean?" Und er gab zur Antwort: „Sie hat sich noch ein wenig hingelegt. Sie wollte den Vormittag nutzen, um sich zu erholen, da die Kinder erst am Nachmittag von der Oma kommen." „Schade, ich hätte gern eine Runde mit ihr geplaudert, man sieht sich im Moment sehr wenig." Dabei dachte Lian einen kleinen Augenblick - *eigentlich kaum noch* - und wenn sie so darüber nachdachte, hatte sie sogar den Eindruck, als würde ihr Catlean aus dem Weg gehen. Sie verwarf den Gedanken aber wieder, holte den Männern Tee, den sie schnell zubereitet hatte, stellte ihnen diesen auf den Tisch und zog sich dann zurück.

Als Robert gegen Mittag gegangen war, nahm sie wieder ihr Buch und setzte sich in die Ecke der Couch. Da sie das Mittagessen einfach nicht beachteten und nur etwas Leichtes zu sich nahmen, konnte sie weiter lesen.

„Schatz", kam es von Steven und sie senkte das Buch etwas,

um über den Rand zu ihm herüber zu schauen. Dabei sagte sie: „Liebling", und lächelte, „ich muss dir was …".

Zu mehr kam er nicht, denn das Telefon klingelte und Lian ging dran. „Lian, ich brauche Steven", hörte sie Catleans Stimme, die sich sehr zerbrechlich anhörte. „Moment", Lian hielt Steven den Hörer hin, „Cat ist dran." Er nahm den Hörer und lauschte einen Moment, bevor er sagte: „Ich komme gleich", und auflegte. Hastig wählte er nun eine Nummer und sprach: „Bitte eine Ambulanz in den Gartenweg 22, es ist dringend." „Steven, was ist denn los?", fragte Lian aufgeregt. Er griff nach den Autoschlüsseln und sagte nur: „Komm, ich erzähl es dir im Auto".

Als er das Auto auf die Straße gesteuert hatte und wie ein irrer losraste, musste ihn Lian fast bremsen, dass sie nicht noch einen Unfall bauten. „Jetzt sag schon, was ist denn passiert?" flehte sie fast. „Catlean ist schwanger und es hat den Anschein, dass sie dieses Kind verliert." Sie saß erschrocken in ihrem Beifahrersitz. Die Gedanken drehten sich: - *warum hat sie nichts gesagt? Wieso ist sie mir aus dem Weg gegangen? Ich hätte mich doch gern mit ihr gefreut* - Sie hörte Steven in ihre Gedanken hineinreden. „Sie hatte Angst es dir zu sagen, da wir keine Kinder haben und sie nicht wusste, wie du es aufnehmen würdest". „Oh Steven, ich bete, dass alles gut geht."

Als sie am Haus ankamen, stand auch Roberts Wagen vor der Tür. Von etwas weiter weg hörte man die Sirenen der Ambulanz und Lian blieb stehen, um ihnen den Weg zu weisen. Unruhig lief sie den Weg zum Haus auf und ab, während die Sanitäter ins Haus eilten. Catlean sah elendig aus, als sie an Lian vorbei geschoben wurde. Lian griff kurz ihre Hand und die beiden schauten sich tieftraurig an.

Stunden später saß Robert im Krankenhaus am Bett und erwartete sehnsüchtig, dass seine Frau die Augen öffnete. Sie schlief nach der OP und erholte sich von den letzten Stunden. Steven schaute nach seinen Patienten, so konnte er sich etwas ablenken. Lian war nach Hause gefahren, denn hier konnte sie im Moment nicht helfen und stand nur im Weg herum. Steven hatte sie später angerufen, dass die OP gut verlaufen war und Catlean erstmal schlafen würde.

Abends kam Steven nach Hause und berichtete, dass Catleans Zustand besser war, als er erwartet hatte. „Sie hat sich im Griff", meinte er. Lian sagte nur, „Es freut mich für sie", und setzte ihre Tätigkeit fort. „Lian, so kenne ich dich gar nicht, was ist denn los?" Steven hatte das Gefühl, dass Lian desinteressiert sei an dem was seiner Schwester passiert war. Sie drehte sich um, sah ihn einen Moment an und sagte: „Wieso erwartet ihr jetzt, dass ich mit euch fühle, wenn ihr mich die ganze Zeit ausgrenzt? Weißt du, wie schwer es ist, so wie ich zu bestehen? Ich hätte ihr gern zur Seite gestanden, mich mit ihr gefreut. Jetzt habt ihr nur noch den Schmerz für mich übrig gelassen." Steven erschrak: „Bist du nicht ungerecht? Sie hat es dir nicht gesagt, weil sie Angst davor hatte, dass du in eine Depression fällst, weil dein Leben eben nicht ist, wie das der anderen, weil sie immer versucht, auf dich Rücksicht zu nehmen. Jetzt wo sie dich braucht, da zickst du rum, wie die kleine Lian, die eben zerbrechlich ist und diese Welt mit ganz anderen Augen sieht." Sie sah ihn an und ihr liefen die Tränen über die Wangen. „Ja, ich hätte auch sehr gern ein Kind von dir, leider ist es uns nicht vergönnt. Aber ich kann sehr wohl unterscheiden und mich mit anderen freuen." Steven nahm sie in den Arm, schaute ihr dabei ins Gesicht und sagte: „Dann tu es verdammt noch mal auch!" Sie legte den Kopf an seine Brust und weinte bitterlich und er hielt sie ganz fest. Er merkte, was für eine Anspannung in ihr steckte, dass sie nicht einfach darüber hinwegging, was Catlean passiert war, sondern dass sie so mit ihrem Schmerz, den sie empfand, versuchte umzugehen.

Die Tür ging einen Spalt auf und Catlean sah, dass Lian ganz leise, um diese herum, ins Zimmer schaute. „Na endlich, ich dachte schon, ich muss zu dir kommen, damit du mich besuchst." „Ganz die alte, dich wirft auch gar nichts um", entgegnete Lian. Sie nahm sich einen Stuhl und setzte sich ans Bett, fasste nach ihrer Hand und sagte: „was machst du denn für Sachen?" Catlean sah sie ernst an: „Wie geht es dir?" Lian hatte lange darüber nachgedacht, was Steven ihr gesagt hatte, und jetzt sah sie Catlean und verstand. Catlean sah, dass Lian kämpfte, sie wollte für ihre Freundin stark sein. „Lian, bitte verzeih mir, dass ich so dumm war." Lian rang um Fassung und sagte: „Ich müsste jetzt hier sitzen und dich aufmuntern und was machst du? Du, bitte mach das nie wieder mit mir!" Dabei ließ sich eine kleine Träne nicht unterdrücken, schwenkte um und versuchte die Situation etwas aufzuheitern, indem sie bemerkte: „Ich hoffe, dass du jetzt mal weniger an mich denkst, sondern mehr auf dich achtest. Du hängst hier rum wie ein Schluck Wasser in der Kurve, dabei ist das Wetter so schön, dass wir uns ein paar Sonnenstrahlen um die Nase wehen lassen könnten." Catlean lächelte: „Du hast aber schnell von mir gelernt." Beide mussten anfangen zu lachen. Lian holte einen Rollstuhl, packte Catlean gut ein und schob sie durch den Park. Die beiden Frauen hatten sich viel zu erzählen an dem Nachmittag und es folgten noch viele weitere Nachmittage.

~ * ~

Alexander war schon einige Tage in dem neuen Land, aber alles war noch sehr fremd. Mit der englischen Sprache hatte er in der Schule nie Probleme. Aber er merkte doch, bei der Schnelligkeit und den Slangs, die hier gesprochen wurden, dass er noch viel dazu lernen musste. Er hatte seine Kurseinteilungen schon erhalten und seine Mitschüler waren freundlich und halfen ihm beim Start.

Ein schönes Zimmer mit Blick auf einen großen See, an dem sich einige Schüler tummelten, machte die Umgebung sehr freundlich. Er hatte ein gutes Gefühl, dass es ihm hier gefallen würde.

Es fiel ihm leicht, auch den normalen Lehrstoff mit aufzunehmen. Was er hörte, das speicherte er und man sagte von ihm, dass er nicht nur in der Musik ein ausgezeichneter Schüler war, der es weit bringen konnte.

~ * ~

So zogen die Monate ins Land und es war wieder einmal Zeit, dass er zu seiner Untersuchung in eine Klinik musste. Dr. Hansen hatte sich für ihn schlau gemacht und ihm die Privatklinik in Shatterfield empfohlen. Er wusste, dass Alexander die Krankenhäuser nicht mochte und in einer so kleinen Klinik, wäre er privater und besser aufgehoben. Also bat er um einen Termin für seinen Schützling.

„Na dann wollen wir mal schauen, junger Mann", sagte Dr. Steven Wellington zu Alexander, „Das sieht doch alles sehr gut aus. Hatten sie irgendwelche Probleme in letzter Zeit?" Alexander gab bereitwillig Auskunft. So konnte sich Dr. Wellington ein aktuelles Bild von ihm machen, und eine Akte anlegen, da er auf längere Sicht sein Patient sein würde. Während der Untersuchungen kamen beide ins Gespräch und Alexander erzählte, wie es ihn in dieses Städtchen verschlagen hatte. „Ich hoffe doch, dass sie mir für ihr Konzert dann auch Karten mitbringen, wenn es so weit ist", scherzte Steven. „Warten sie es nur ab, Herr Doktor, ich werde berühmt, sie werden schon sehen", warnte ihn

Alexander und lächelte.

Alle drei Monate fand nun die gleiche Prozedur im Krankenhaus statt, dazwischen der Schulalltag und in den freien Minuten sein Klavier.

Steven erzählte auch zu Hause, dass er einen jungen Klavierspieler betreute, der von sich überzeugt sei, dass er mal berühmt wird. Sein erstes Konzert wollte er nicht ohne seinen Arzt geben. Begeistert sagte Lian zu Steven: „Schatz, da will ich aber mit, du weist ich liebe Klavierstücke."

Dann war endlich der Tag gekommen, an dem Alexander zeigen durfte, was er konnte. Er lud alle ein, die ihm wichtig waren. Anna und Martin reisten aus Deutschland an. Viele Freunde hatten sich ihnen angeschlossen. Dr. Hansen und seine Gattin ließen es sich auch nicht nehmen dabei zu sein. Es war ein großes öffentliches Konzert der Akademie, zu dem sich in jedem Jahr alle trafen, die Rang und Namen in der Musikbranche hatten. Alexander hatte auch sein Versprechen nicht vergessen und bei der letzten Untersuchung gab er Dr. Wellington ein paar Karten in die Hand. „Da ist der große Augenblick gekommen und ich darf ihnen sagen, dass ihre Gesundheit ihnen nicht im Wege stehen wird. Sie sind völlig gesund. Ich freue mich dabei sein zu dürfen und werde in Begleitung kommen."

~ * ~

Der Saal füllte sich und Alexander verspürte jetzt doch das Lampenfieber in seinem Körper. Er konzentrierte sich auf sein Spiel, ging in Gedanken noch einmal die Passagen durch und man sah die Finger, wie sie in der Luft die Tasten griffen.

Der Flugplan war so eng, dass Anna und der Rest es erst in letzter Minute schaffen würden. Aber sie würden da sein, dessen war Alexander sich sehr sicher.

Im Foyer tummelten sich die Besucher und man hörte immer wieder ein „Sorry", wenn sie aneinanderstießen. Steven war mit Lian und Catlean gerade eingetroffen. Er nahm die Mäntel der beiden Damen und lies sie einen Moment stehen, um sie an der Garderobe abzugeben. Catlean und Lian schauten sich um. Steven kam zurück, hakte eine rechts und eine links ein und sie gingen zu den Plätzen, die ihnen zugedacht waren.

Das Foyer war schon ziemlich leer geworden, als auch Anna, Martin und der Rest herein eilten. In Windeseile, wobei es Anna nicht schnell genug gehen konnte, denn sie wollte nichts verpassen. Sie reichten sie die Mäntel noch an die Garderobenfrau. „Komm Martin, das geht gleich los!" Sie ließen sich zu den Plätzen führen und im nächsten Moment wurde es dunkel. „Na, das war aber auf den letzten Drücker", meinte Anna noch in den dunklen Raum hinein. Die Scheinwerfer beleuchteten die Bühne und ein Orchester spielte auf.

Der Saal war mit einem Blumenarrangement ausgeschmückt und sah festlich aus. Es wurde ein langer Abend. Anna konnte es kaum erwarten, dass Alexander endlich dran war. Aber das sollte sich noch eine ganze Weile hinauszögern, da man den Begabtesten an den Höhepunkt des Abends gesetzt hatte. Lian war sehr neugierig auf Alexander, da Steven ihr die ganze Zeit von ihm vorgeschwärmt hatte. „Wann kommt denn dein Schützling? Ich bin ja schon so gespannt." „Moment", sagte er, da er das Programmheft in Händen hielt, „ah, da ist er ja, ganz zum Schluss, mein Schatz."

Die große Pause kam, man nahm ein Gläschen Sekt und die Damen gingen sich frisch machen. Steven stand da wie ein Anstandswauwau vor der Tür und wartete geduldig, da er

Robert versprochen hatte, auf seine Frau aufzupassen, während er im trauten Heim bei den Kindern geblieben war.

Der Gong ertönte und alle nahmen wieder ihre Plätze ein. Der Schulleiter sprach ein paar Worte, um sich bei dem Publikum und den Schülern für den gelungenen Abend zu bedanken, bevor das Orchester wieder einsetzte und den Abend weiter begleitete.

Anna konnte ihre Aufregung kaum noch im Zaum halten, jetzt endlich war Alexander dran.

Das Klavier wurde wie an dem Abend schon ein paarmal vor das Orchester geschoben. Dann kam endlich die Ankündigung. „Graf Alexander von Falkenberg mit einer eigenen, bearbeiteten Darbietung." Lian hörte den Namen und sofort fiel ihr der Wein ein, der bei ihnen zu Haus im Regal stand. „Irgendwie sagt mir Falkenberg was", sagte sie mehr zu sich selbst und Steven schaute sie nur kurz von der Seite an, da sie so leise sprach, dass er es auch nicht verstand.

Alexander trat heraus und verneigte sich, ging aber nicht zum Klavier, sondern trat zum Mikrophon. „Meine sehr verehrten Damen und Herren erlauben sie mir, ihnen ein paar Worte zu sagen." Das Publikum applaudierte dem jungen Mann auffordernd zu.

„Heute ist für mich nach einem tiefen Tal der Tränen, ein Traum in Erfüllung gegangen. Ich möchte für sie ein Lied spielen, das mich auf allen Höhen und Tiefen meines jungen Lebens begleitet hat. Ein Lied, welches meine Mutter einst für mich in die Wiege legte, und das ein Engel, den mir meine Mutter an die Seite stellte, für sie weiter sang. Heute Abend spiele ich es in Gedenken an meine Eltern und für den liebsten und besten Menschen, dem ich so viel verdanke, meiner Anna."

Das Publikum war ergriffen und ohne dass er gespielt hatte toste der Applaus.

Anna war überwältigt von seinen Worten und sie hatte sich an Martin geschmiegt und sagte mit schimmernden Augen: „Das ist mein Alexander!"

Auch Lian hatte diese Rede ergriffen und sie spürte was Steven gemeint hatte, als er meinte, dass dies ein besonderer Junge sei.

Ein Chor hatte sich im Hintergrund aufgebaut und Alexander setzte sich auf den Schemel am Klavier und ließ die Hände auf den Tasten ruhen, nickte dann zum Chor und spielte die ersten Töne.

Der Chor begann und im Saal war es stiller als vorher. Wieder einmal verzauberte er und dieses Lied alle, die sich im Saal befanden.

Bei Lian kam mit den ersten Tönen ein Gefühl der Ohnmacht auf. Sie sah Bilder, die an ihr vorüberliefen. Sie war gefangen in einem Leben, was sich ihr gerade neu eröffnete. Lian sah, wie ein kleiner Junge in der Wiege lag und sich selbst, als sie dieses Lied sang. Sie sah die Weinberge und ein Schloss an sich vorüber ziehen. Steven bemerkte wie Lian am ganzen Körper zitterte und ihr liefen die Tränen. „Lian, was ist denn los?", fragte er leise und auch Catlean machte eine fragende und besorgte Bewegung.

Lian aber hörte nur die Melodie, sah Menschen, die sie auf einmal zu kennen schien und sie sah, wie das Flugzeug mit Thomas abstürzte und im Kanal versank und rief nach ihm: „Thoooomas!"

Alle applaudierten und riefen Zugabe. Nur Lian war in eine andere Welt getreten, sah nun Steven an und sagte: „Das ist Alexander, MEIN Alexander!", und brach zusammen.

Steven beugte sich über sie, nahm sie auf und trug sie hinaus in einen kleinen Raum neben dem Foyer, wo er sie zusammen mit Catlean betreute. „Lian, Liebes", sagte er und er wusste sofort, dass in den letzten Minuten etwas passiert war, auf das sie Jahre gewartet hatte.

Eine Frau trat herein. Sie hatte alles mit angesehen, da sie fast neben ihnen saß. Sie hatte sie sofort erkannt. Steven hatte Lian auf eine Couch gelegt, die sich im Raum befand und die Frau trat heran. Sie nahm Lians Hand und Steven schaute verwundert zu Catlean. Diese war genauso überrascht und zog die Schultern hoch. „Frau Gräfin", sagte Anna, „dass sie noch leben", und eine Träne tropfte auf Lian herunter. Es war für sie ein Wunder, dass sie dieser Frau noch einmal gegenüber stehen durfte. Lian öffnete die Augen und sah in Annas Gesicht, spürte, dass sie ihre Hand genommen hatte und drückte diese fest: „Anna, ich habe es vom ersten Moment an gewusst, sie und keine andere, wird für meinen Alexander sorgen, wie ich es getan hätte."
Auch wenn Steven und Catlean vor Neugierde fast platzten, ließen sie die zwei Frauen allein. Sie wussten, dass sie jetzt stören würden, denn die beiden hatten sich unendlich viel zu erzählen.
Die Aufregung hatte sich etwas gelegt und Alexander hatte nur am Rande mitbekommen was gerade geschehen war. Er wusste aber noch nicht, dass es auch sein Leben betraf und so spielte er weiter. Er spielte, wie er noch nie zuvor gespielt hatte und erntete dafür auch gebührend Applaus.
Als er von der Bühne trat, stand ihm Steven gegenüber. „Herr Dr. Wellington" sprach er erstaunt. „Alexander, ich darf doch Alexander zu dir sagen?", und er wartete einen Augenblick, um eine Zustimmung zu erhalten. Alexander nickte und war gespannt, denn Dr. Wellington war sehr ernst. „Du hast bestimmt den Zwischenfall im Zuschauerraum mitbekommen, während deines Spiels?" „Ja, da ist eine Frau zusammengebrochen und sie wurde weggebracht", antwortete

er, aber begriff nicht warum ihn der Arzt das fragte. „Alexander, ich würde dir gern etwas erzählen, lass uns dazu an ein ruhigeres Eckchen gehen." Sie setzten sich in die Stuhlreihen, die jetzt menschenleer geworden waren und Steven begann zu erzählen. Er erzählte Alexander von der Frau, die man fast tot am Strand fand. Von der Frau, die über Jahre nicht wusste, wer sie war und wo sie herkam, bis zum heutigen Tag …

„Dein Lied, was du in Gedenken an deine Eltern gespielt hast, hat ihr die Erinnerung zurückgebracht und es ging über ihre Kräfte, deshalb brach sie zusammen. Ich habe sie nach draußen gebracht und Anna, wenn ich den Namen richtig verstanden habe, ist bei ihr." Alexander liefen die Tränen und er sagte: „Meine Mutter lebt?", und es dauerte eine kleine Weile bis er fragte: „Kann ich sie sehen?" Steven stand auf und sagte zu Alexander gerichtet: „Komm, mein Junge."

Sie betraten den kleinen Raum und er sah die beiden Frauen an, die gemerkt hatten, dass die Tür aufgegangen war. Britta erhob sich und ging auf Alexander zu, „Alexander, mein Junge", und nahm ihn weinend in den Arm. Lange blieben beide innig umschlungen im Raum stehen.

Alexander durfte seine Mutter neu kennenlernen und war überglücklich, die zwei liebsten Frauen auf der Welt um sich zu haben. Britta saß lange mit Alexander und Anna zusammen, um ein paar Jahre in Geschichten zu erleben, die sie nicht miteinander verbringen durften.

Steven, der den Raum wieder still verlassen hatte, sowie Catlean, sollten später auch die ganze Geschichte erfahren und waren traurig über das Geschehene, aber freuten sich auch für Britta, dass sie ihre Familie wiedergefunden hatte.

Der Großvater war glücklich darüber, dass er erfuhr, wie sein Sohn das Leben verloren hatte und traurig, da er nun wusste, dass er nie wieder zurückkommen würde. Aber die Gewissheit und alle Fragen beantwortet zu haben, erleichterten ihm den Verlust. Britta hatte ein sehr langes Gespräch mit Constantin und am Ende dankte sie ihm für seine Einsicht und die Liebe zu seinem Enkel. Constantin war gerührt und freute sich für Britta, dass sie trotz des Schicksalsschlages, eine schöne Zukunft hatte, auch wenn er darin keine Rolle mehr spielen würde. Er hatte Verständnis dafür, dass sie nicht nach Deutschland zurückkam. „Aber Vater, du kannst uns doch besuchen, und wenn es die Gesundheit nicht mehr zulässt, dann verlegst du deinen Altersruhesitz nach England. Oder wir werden ganz oft bei dir rein schauen, schon allein um einen guten Tropfen mitzunehmen." „Lass mal Britta, es ist alles gut, so wie es ist, werde glücklich mit Steven. Meine Wurzeln waren immer hier und da werden sie auch bleiben." Wie sehr hatte er sich in den Jahren verändert? Es wurde ihr warm ums Herz, als er sie in den Arm nahm und herzlich drückte. Niemals hätte sie gedacht, dass sie das erleben würde.

Britta freute sich mit Anna, dass sie ihr Glück gefunden hatte. Sie gab Britta die Jahre zurück, die sie verloren hatte, erzählte von den schweren Stunden des Jungen und verschwieg auch nicht die Herzlosigkeit des Großvaters. Sie lachten sogar über Momente in denen Thomas noch an Brittas Seite war. Es tat Britta gut, auch über den schmerzvollen Moment zu reden, der ihre Familie zerriss, den Absturz und die Jahre der Leere danach. Sie erzählte von ihrer neuen Familie und es trat ein Leuchten in ihre Augen, wenn sie von Steven sprach.

Catlean war nicht mit nach Deutschland geflogen, sie tat die Neuigkeiten in der Heimat kund. „Habe ich dir nicht immer gesagt, mein Sohn hat Geschmack", lachte Marga und fügte an, „was mich nur sehr stutzig macht, das sind unsere Behörden, dass dort in den ganzen Jahren, nicht einer auf die Idee gekommen ist, dass sie mit dieser Privatmaschine abgestürzt sein könnte." „Ja, Mutter", sagte Catlean nachdenklich, „es wäre ihr einiges erspart geblieben."

Catlean war zum Flughafen gefahren um Steven, Britta und Alexander abzuholen. Sie nahm Britta zur Begrüßung in den Arm und sagte: „Ich freue mich, dass du wieder nach England zurückgekommen bist. Ich hatte ein bisschen Sorge, dass dich der Wein beeinflussen würde, dass du deine alte Heimat und die Menschen dort uns vorziehen würdest." Man merkte, dass es Catlean sehr ernst meinte und dies keiner ihrer üblichen Scherze war. Britta drückte Catlean und meinte darauf: „Wie könnte ich denn. Kein Wein der Welt ist so viel wert, wie eine Freundin, die einem ab und zu den Kopf zurechtrückt." Sie schaute zu Steven. „Außerdem wollte dieser Mann nicht ohne mich fliegen, sonst hätte ihm seine Schwester was erzählt, wenn er ohne mich im Gepäck gelandet wäre." Und alle lachten herzhaft.

Zurück in Shatterfield war einer der ersten Wege von Britta zu der alten Dame in dem schönen Fachwerk-Cottage. Sie klopfte und die Großmutter der Brien-Brüder freute sich sehr, als sie Britta erblickte. „Komm rein mein Kind, möchtest du einen Tee?" Sie antwortete ihr: „Gern, und ich habe eine Menge zu erzählen" Sie nahm an dem Tisch vor dem Kamin Platz und wartete, bis die Großmutter, sich mit dem frischen Tee zu ihr gesellte. „Dann erzähl mal mein Kind, du strahlst ja richtig", bemerkte sie. Britta machte es richtig spannend und die Frau ihr gegenüber, konnte kaum glauben, was sie gerade hörte. „Oh mein Kind", und jetzt wurde die alte Frau etwas wehmütig, „da passe ich ja nicht mehr wirklich in deinen

Kreis, derer die dich umgeben, wenn du eine richtige Gräfin bist." Britta setzte sich neben die alte Frau und nahm sie, wie schon vor einigen Jahren, seitwärts in den Arm. „Du bist meine gute Seele und wenn wir uns nicht begegnet wären, dann hätte ich den Lebensmut nicht aufgebracht, meinen Weg zu gehen. Beide Frauen hatten Tränen in den Augen glitzern und die alte Frau sagte zu Britta und strich ihr dabei mit der Hand über die Wange: „Es ist alles nur Schicksal und alles hat seinen tieferen Sinn, mein Engel."

Steven musste sich erst an die neue Frau an seiner Seite gewöhnen, aber ob nun Lian oder Britta, sie war seine Frau, die er mit aller Kraft seiner Arme durch die Welt tragen wollte.

„Und so frage ich sie, Steven Wellington, wollen sie die hier anwesende Gräfin Britta von Falkenberg, geborene Schuhmann, in guten wie in schlechten Zeiten zu ihrer Frau nehmen, dann antworten sie mit: Ja." Und Steven schaute Britta tief in die Augen und antwortete: „Ja, mit Gottes Hilfe."

„Wollen sie Gräfin Britta von Falkenberg geb. Schuhmann, diesen hier anwesenden Steven Wellington, in guten wie in schlechten Zeiten zu ihrem Mann nehmen, dann Antworten sie mit: Ja." Und auch Britta blickte Steven an und sagte: „Ja, mit Gottes Hilfe." Die beiden Frauen rechts und links neben ihnen konnten die Rührung nicht verbergen. Catlean und Anna sahen sich an und wussten, dass dieses Paar zusammen gehörte.

„Sie dürfen die Braut nun küssen!" Das ließ sich Steven nicht zweimal sagen. Sie setzten sich und Alexander spielte für das Paar und ganz besonders für seine Mutter ein Lied am Altar:

„Schlafe mein Prinzchen, schlaf ein ...."

Catlean scherzte nach der Trauung, wie man es von ihr gewohnt war: „Man hätte mir auch früher schon mal sagen können, dass das Frosch küssen nichts nützt, sondern dass man am Strand lieber Muscheln sammeln sollte." Sie sah ihren Robert an und fügte hinzu: „Komm mein Prinz."

Alexander machte eine große Karriere am Klavier. Wenn man genau hinhört, dann kann man am Abend in verschiedenen Häusern seine Musik hören, die dort gespielt wird.

Weitere Bücher im Handel:

Gedanken die der Wind weiter trägt ...

Dezember 2013

Geschichten sind es nicht Teile von uns selbst...
Vielleicht ist es sogar ihre Geschichte, die hier geschrieben steht.
Der Betrachter ist Gast und manchmal Teil der Geschichte.
Ich zeige ihnen ein wenig meine Gedanken-Welt und vielleicht wird es,
beim Lesen, die ihre.

Verlassen Verloren Verzaubert ...
erscheint im November 2014

Einen Moment, in dem das Schicksal ein komplettes Leben auf den Kopf
stellt. Stella, die behütet aufwuchs, verliert von einem Moment auf den
anderen alles, was ihr Leben ausmachte. Sie beweist Stärke, Weisheit und
Mut bei dem Weg, den sie gehen muss, um eine neue Perspektive zu
finden. Menschen, die Wege mit uns gehen, können uns unbewusst näher
sein, als wir vermuten...

In der Forschung wird es mittlerweile für sehr wahrscheinlich gehalten, dass das Wiegenlied „Schlafe mein Prinzchen schlaf ein", welches bisher Wolfgang Amadeus Mozart (KV 350) oder dem Berliner Arzt Bernhard Flies zugeschrieben wurde, tatsächlich von Fleischmann stammt (Untersuchungen von E. Goretzki):

Wiegenlied von
Wolfgang Amadeus Mozart

Schlafe, mein Prinzchen, es ruhn,
Schäfchen und Vögelchen nun,
Garten und Wiese verstummt,
auch nicht ein Bienchen mehr summt.
Luna mit silbernem Schein
gucket zum Fenster herein:
Schlafe beim silbernen Schein!
Schlafe mein Prinzchen, schlaf ein,
schlaf ein, schlaf ein.

Wer ist beglückter als du?
Nichts als Vergnügen und Ruh!
Spielwerk und Zucker vollauf,
und noch Karossen im Lauf;
Alles besorgt und bereit,
dass nur mein Prinzchen nicht schreit.
Was wird da künftig erst sein?
Schlafe, mein Prinzchen, schlaf ein!

Dieses Buch enthält auch einen Textteil des Liedes von Monika Martin.

Bibliografische Information der Deutschen Nationalbibliothek:
Die Deutsche Nationalbibliothek verzeichnet diese Publikation in der
deutschen Nationalbibliografie; detaillierte bibliografische Daten sind im
Internet über http://dnb.dnb.de abrufbar.

Coverbild: Ronny Libor

Korrektur/Beratung
Kerstin – Angelika - Christa – Klaus

Herstellung und Verlag: BoD –   Books on Demand, Norderstedt

ISBN 978-3-7322-4262-7